JN088686

信仰生活ガイド

信じる生き方

増田　琴 編

日本キリスト教団出版局

「信仰生活ガイド」は、月刊誌『信徒の友』に掲載された記事に、新しい文章を加え、キリスト教信仰の「入門書」また「再入門書」として、書籍化するシリーズです。

はじめに

増田（ますだ）　琴（こと）

「信じる生き方はこんなにも豊かなものだ」と思います。

振り返って、そこにはいつも祈り、支え、導いてくれる人がいました。

山陰の母教会は近隣の教会と合併し、すでに私たち牧師家族が生活していた教会の姿はありません。牧師となることへ押し出してくださった教会でした。高校の恩師でもあった教会の役員の方は、今でも『信徒の友』の俳句欄で豊かに信仰生活を続けておられることがわかり、励まされています。信仰は「見えないものに目を注ぐ」（コリントの信徒への手紙二4章18節）あり方であることを教えられています。

日本基督教団の教師となった三十年前。神学校を卒業して、「女性だからなかなか教会に招聘されないのだろうか」と泣いた夜もありました。そのような時に耳を傾け、対話をしてくれた友がいました。道が開かれるように機会を与えてくれた先輩たち、そして、出版される書物を通して、新しい時代の信仰のあり方を示唆され、勇気を与えられてきました。信仰は「はるかにそれを見て喜ぶ」（ヘブライ人への手紙11章13節）ことを示された経験でもありました。

信じるあり方は、時に信じていることが見えなくなることでもあります。インドのコルカタで貧しい人々に寄り添い「死を待つ人の家」の働きを終生続けたマザー・テレサは、ある時友人に「神はわたしを愛しているのか、わたしの働きは神に喜ばれているのか、わからない」と書き送りました。なぜ見捨てられたように死んでいく人がいるのか、抱かれたこともなく息を引き取る子どもがいるのか。神はどこにおられるのだろう？「魂の闇夜」とも言えるような経験です。神に近づこうとすればするほど、神がわからなくなる……。

信仰から遠ざかっているというのではありません。むしろ、信仰に近づこうとすればするほど、見えなくなる、わからなくなるということがあるのです。ある時には、信じて生きようとするからこそ、社会のあり方との間で悩み、どのように選択すべきなのか迷うことがあります。イエスが語られた「神の国」は、この社会の価値とは異なる軸を持っているからです。

信じる生き方は豊かです。しかしそれは、いつでもすっきり答えがみつかったり、晴れやかな心でいられるということではないかもしれません。信じるからこそ見えなくなり、迷うこともあるでしょう。

そのような私たちの信仰生活においては礼拝、聖書の言葉が導き手であり、支えです。同時に、私たちの具体的な生活の課題を信仰者として考えていくガイドがあることで、その道筋が開かれていくことがあります。生きることは課題を担うことであり、一人ひとりの課題は異なるからです。わたしたちは時として、悩み、ぐるぐると自分の世界の中でどまってしまうことがあります。

考えるためには導き手となる対話の言葉が必要です。

視覚障がい者のマラソンやスキー、いわゆるブラインドレースには「伴走者」の存在があります。走っている人が安心して力を出せるように、周囲の状況や方向を伝えたりする役目を担っています。伴走者とランナーは輪になった一本のひもを互いに持ち、走ります。一人の力で走るのではなく、共に走ることでつながり、サポートを受けます。

信じる生き方が豊かなのは、「伴走者」の存在があるからだと思います。「伴走者」はある時には隣人であり、ある時には書物でもあります。

本書は「信仰生活ガイド」の中で、『信じる生き方』としてまとめられました。執筆された方々は同じ時代を生きる信仰の導き手です。読み進めながら、「そうなのだ」とうなずき、はっとして頭(こうべ)をたれ、深い促しへと導かれます。この本を開かれる皆様も、きっと同様の体験をされることと思います。ここから、新たな対話が生まれますように、信じる生き方の豊かさが広がりますように、祈りつつ共に歩んでまいりましょう。

（日本基督教団　経堂緑岡教会牧師）

目次

III 隣人と生きる

装丁・松本七重

本書の引用する聖書は、基本的に『聖書　新共同訳』（日本聖書協会）に準拠しています。

Ⅰ　神と共に歩む

礼拝

魂を生かす呼吸――礼拝の喜び

深田未来生（ふかだみきお）

　ほとんどの場合、人間は自分の呼吸を意識しません。激しい運動をしたり体調が良くなかったりした時は別です。それでいて誰でも自分が呼吸しているから生きていることは知っています。息を吸ったり吐いたりするのには筋肉が動きます。呼吸は私たちの生命（いのち）がかかっている「運動」なのです。

　一方、意識して呼吸をすると意外と大変であることがわかります。腹式呼吸などは簡単であるのに、やってみると気がつかなかった体の部分が痛かったり、筋肉がこわばったりしているのがわかります。そして自分が普段いかに浅く呼吸をしているかを発見したりします。

神の気息(いき)が人を生かす

私はこの人間に共通した欠かせない「運動」としての呼吸にはさまざまな形があり、異なった傾向があることに興味を抱きます。

それもあって私たちの信仰と礼拝を考える時に呼吸をたとえとして用いることがあります。人間を生かしてくださる神への信頼としての信仰も呼吸なしではやせ衰えて死への道を歩むと思うからです。聖霊降臨を覚えるペンテコステになるとよく歌う賛美歌の歌詞に「神の息よ、われに吹きて」（『讃美歌21』348、349番）があります。一九五四年版の『讃美歌』では「かみの気息(いき)よ、われを医(い)やし」（177番）となっています。英語では「息を吹きかけて、その息で私を新たに満たしてください」という意味になっています。

ここに現れてくる神は呼吸している神ですし、その神に造られた私たち人間はその神の息によって生かされている存在だとこの賛美歌は歌います。そしてこの息とは神の霊であるとよく説明されます。

しかしその神は、常に口から口に息を吹き入れるようにして人間の生命を支えておられる神ではありません。きっと神は人間の創造にあたり、ちゃんと自分で呼吸を整えて生命を保ち、養い、生かすことができるようにと工夫されたのでしょう。ところがその力を託されている私たちはすぐ呼吸困難に陥ります。ほかのことに気を取られてきちんと呼吸を整えなかったり、必要に応じて腹式呼吸で体の奥底まで酸素を送り込むような運動を怠ったりします。

教会の呼吸

礼拝は、魂を新たに神の息で満たすことにより、自分が神に造られた存在であり、自分には生きる目的があり、自分を生かす使命があることを再認識するための深呼吸のようなものなのです。思いついたからするのではなく、常に息をしていないと死んでしまうように、どのような形であっても、体をめぐった空気を吐き出して新鮮な空気を取り込む余地を作り、新しい空気を吸い込むのが礼拝です。

「どのような形であっても」と言いました。これは常にという意味でもあります。私たちは一人でいる時にも神に生かされている存在として神を賛美し、祈り、感謝をささげます。しかしそれは他の信仰者と共にいる時においても同じです。

キリスト教の信仰は不可欠な要素として信仰の仲間の連帯を強調します。すなわち信仰共同体であり、教会です。そして教会はその共同体が神のみ心に沿うものとなるために、またみ心が実体となるようにと祈り働く共同体となるために神を礼拝します。教会にとっても、一人の信仰者と同じように、神を礼拝することは生命を保ち、養い、強めることを意味します。礼拝を抜きにして教会はその使命を果たせないのです。

今を生かす歴史の遺産

イエスに従って生きようとした人々は、死に勝利した甦り(よみがえ)りのキリストの導きを確信していました。その確信が揺らぐ時もありました。それでも神の助けと導きを求め続けたということは、神の息を取り込む努力を絶やさなかったということです。そしてそのために仲間が必要でした。このように、教会は同志としての仲間たちの集団だったのです。

時は流れ、時代は変わり、文化も環境も変化する中でキリストにつながる仲間たちは、死に打ち勝って弟子たちを励まされたあのイエス・キリストを繰り返し思い起こし続けました。そしてその姿を思い描き続け、心のうちに生き生きと存在する力として保ち続け、そのキリストを多くの人々と分かち合いたいと願い続けました。そのためにさまざまな工夫をし、試みをなし、信仰の豊かさを求めたのでした。

私たちが今日体験し、知る礼拝もそのような試みが歴史を経て「信仰の遺産」として受け継がれてきたものです。それは決して一つの「型」に限られたものではありません。伝統ではありますが、固定したものではありません。

伝統は大切です。歴史を通して多くの人々の経験や考えが加えられ、時には古いものが変革され、今、この時代にキリスト者として生きるための呼吸をより健康な、酸素いっぱいなものにしようとした「産物」なのです。ですから私たちは伝統から多くを学びます。それを用います。とはいえ、時には「歴史博物館」にしてしまうこともあるでしょう。それでも伝統には無尽蔵に宝が秘められています。

声を掛け合って

教会の礼拝は祈りを共にする者がたとえ二人、三人であっても、おのおのが特異な人間としていろいろな経験をしながら集い、神を賛美するために呼吸を整える時です。常に新しい息吹をもって招いてくださる神に人間が主体的に「声を掛け合って」応じていく時です。これを私たちは「公(おおやけ)の」とか「共同体の」と表現します。

先ほどの呼吸の話に戻って考えると、ラジオ体操のために皆が公園に集まって腹式呼吸の運動から体操を始めるようなものです。体内にある「使用済み空気」を吐き出し（罪の告白）、聖書を読み、その説き明かしを聞くことによって（感謝と賛美）、再び神の息に満たされ、主の食卓を囲んで（神の救いと愛の業の再認識）、祝福によって新たに人と神に仕える決意をもって生活の場へと戻っていく（派遣）のです。これは新しい生命を得て喜びにあふれる体験です。

礼拝は罪の束縛から解放されて自由にされて真実な人間として新たに生かされる時です。時に礼拝のことを英語ではセレブレーション（祝宴・祝典・祝賀）と呼びますが、それは死にかけ、泥まみれになっていた人間がしっかり立ちあがり、清められる喜びがあふれる体験を表現しようとするものでしょう。

そうです。礼拝はそれが真実な体験である時には参加者の心に輝きと暖かさが神からの賜物として与えられるのです。

神のドラマの舞台に集う

私たちは伝統を意味あるものとして大切にし、歴史の流れに生きながらも未来に向けて新しい伝統を造りだすことを許されています。

「礼拝ではこんなことはしない」と考え、固定した形だけを礼拝の表現と考えていると、私たちの呼吸は浅くなります。人間として仲間たちと共有できる形や表現を吟味して用い、神によって生かされ、用いられる喜びと光栄を言葉にしましょう。歌にして耳にし、ボディランゲージにして目にし、心の奥底に響かせましょう。

初めは少々違和感を持つ人もいるでしょうが、それは新しい世界が開かれていく時のとまどいかもしれません。ちょうど若い世代がごく自然に体を動かし、言葉を発し、リズムを表現するのに接して年配者が身を引きたくなるようなものです。そんな時でも、自分の中を覗（のぞ）くようにして見ると、自分のある部分がそのリズムに合わせて自由に動き始めているのを発見したりします。それはしばしば新鮮な体験です。

皆が役者となって

礼拝には厳粛さが求められます。人間の罪深さに直面する時には笑っていられません。泣き悲しんで懺悔（ざんげ）する時、そこには深い沈黙が私たちを取り囲みます。

しかしまた、それがどんなに深刻な罪であっても真実な告白を無視されない愛の神が常に抱きかかえて迎えてくださるのです。放蕩（ほうとう）息子を迎えてくださるのです。きっとそんな時には喜びと感謝で涙にまみれるに違いありません。祝宴はそこから始まるとイエスのたとえ話は告げています。

これは神のドラマです。礼拝は、参加者が一人残らず役者として神のドラマの舞台に上がる時だと言ってもいいでしょう。神のドラマには観客はいないということです。傍観しているわけにはいかないのです。

人間はすべて呼吸して、否、呼吸させていただきながら生きているのです。神のドラマである礼拝はそのことを新たに心にとめて自らの内を見つめ、隣人に目を向け、そして神に目を向けて導きを祈り願うようにしてくれるのです。

イエスは井戸端で出会ったサマリアの女性と深い会話を交わされました。その中でイエスは「霊と真理をもって礼拝する時が来た」と告げています。神は霊だと。霊は息を意味します。

そうです。私たちは神を深呼吸するために礼拝するのです。

(同志社大学名誉教授)

祈り

もう、自分一人で背負わなくてもいい
状況の中に神を呼び求める

吉村和雄（よしむらかずお）

信仰者にとって、祈りは霊的な呼吸だと言われます。信仰者として霊的な命を保つためには不可欠のもの、という意味でしょう。そのように大切な、霊的な呼吸である祈りが、健（すこ）やかに力強く続けられるように、そのことを願いつつ、祈りについて考えてみたいと思います。

み言葉に導かれて

誰でも初めて神に祈った時があります。教わった通り、あるいは見よう見まねで祈ってみたことでしょう。でも何かおかしい、自分が本当の自分でないような、何か芝居をしているような、そんな気恥ずかしさを感じたという経験があるかもしれません。

弟子たちが主イエスに「祈りを教えてください」と願った時、主が教えてくださった最初の言葉は「父よ」という言葉です（ルカ11・2）。これは単なる呼びかけの言葉ではありません。主は、神が私たちの父でいますのだ、という事実を教えてくださったのです。そして神が父でいますなら、私たちは神の子です。祈りを教えるとは、祈りのしかたを教えることではありません。神が父でいまし、私たちはその子であるという事実を教えることなのです。

私たちにその事実を教えるのは、神のみ言葉です。み言葉を聴き続けて、自分には天に父がいますのだと喜びをもって確信した時に、初めて「天の父よ」と呼ぶ素直な祈りの言葉が生まれるのです。

このことは、信仰生活を長く続けている人でも同じです。祈りが、いつも同じ言葉の繰り返しになってしまう、また祈る意欲が薄れてしまうということが誰にでもあります。そういう時は、祈りに先だってみ言葉を聴きましょう。神のみ心に触れた時に、新鮮な祈りの言葉が与えられます。祈りはみ言葉に導かれて生まれるのです。

　私たちが祈るのは、神が私たちの祈りを待っていてくださるからです。神は「主を尋ね求めよ、見いだしうるときに。呼び求めよ、近くにいますうちに」（イザヤ書55・6）と語り、また「わたしを尋ね求めるならば見いだし、心を尽くしてわたしを求めるなら、わたしに出会うであろう」（エレミヤ書29・13―14）と約束をしておられます。私たちに呼び求められることを願い、私たちに出会おうとしておられるのです。

　主イエスが怒りをもって神殿から商人たちを追い出されたことがありました（マルコ11・15―17）。人々の祈りを妨げるものを、主は断じてお許しにならなかったのです。それは、主ご自身、十字架の上で命を投げ出して、私たちが神に祈れるようにしてくださった方だからです。この神の願い、神のみ業に支えられて、私たちの祈りが可能になっているのです。祈りは神の賜物（たまもの）なのです。

出会ってくださる神

私が牧師になる道を示されたのは二十二歳の時です。しかし、なかなか決心できないでいました。自分に牧師ができるとはとうてい思えなかったからです。社会で経験を積めばわかるだろうと就職しましたが、一向にはっきりしません。そのままずるずると五年が過ぎた時、ふとした時に、「天の父は求める者に聖霊を与えてくださる」（ルカ11・13）という言葉に出会いました。

この言葉で、私は自分が祈りに期待していなかったことに気づかされました。祈りながら、それだけではだめだと思っていたのです。でも知りたいのはみ心ですから、それは神に教えていただく他はないのです。それから私はただひたすら、「み心を教えてください」と祈り続けました。

しばらくして、当時東京神学大学教授であられた左近淑（きよし）先生が私の教会で説教されました。礼拝後の集会で、先生は二つのお願いをされました。一つは東神大のために献金をしてほしい、もう一つは、神学生を送り出してほしいということです。この二番目の言葉を聞いた時、私は、神が私を呼んでおられると直感しました。そして翌年、東神大に入学したのです。それから今まで、本当にいろいろなことがありましたが、自分が牧師であることが神のみ心であるという確信が揺らいだことは一度もありません。神は、神を尋ね求めた私に出会ってくださったのです。

祭壇を築く

祈りは、たとえそれが一人で祈る祈りであったとしても、私的なものではありません。創世記12章以下には、カナンの地に導かれたアブラハムが、行く先々で祭壇を築いたと書いてあります。誰も神を呼ぶ人がいなかった地で、彼は神を呼びました。それによって、その地に神の支配がもたらされたのです。

私たちが家庭で、あるいは職場で祈る時、そこに祭壇が築かれるのです。そして私たちの祈りはその場の現実に神を巻き込みます。「わたしはあなたの神」と言われる神が、私たちの現実に知らん顔をされるはずはありません。だから祈れば、どんな状況も、もう自分一人で背負わなくてよいのです。神が関わってくださるからです。

ラザロの墓に主が来られた時、人々は「主よ、来て、御覧ください」と言いました（ヨハネ11・34）。愛する者が死んでその体が朽ちていくという悲しい現実を、どうぞ御覧ください、と言ったのです。主はその言葉に涙を流され、死の支配を憤（いきどお）られつつ、その現実の中に足を踏み入れられました。

私たちもまた「主よ、来て、御覧ください」と祈ることができます。この家庭の状況を、この職場の現実を、主よ、どうぞ御覧ください。そのように神を呼ぶ祈りが、その場を、神が働かれる所にするのです。

声に出し全存在を賭けて祈る

私たちにとって、何よりも大切なことは、祈ることです。そのために特別な時間や特別な場所を確保する必要もあるでしょう。しかし、どのような形であるにしても、それを継続するには、努力と工夫が要ります。その中で私が奨めるのは、食前の祈りに心を用いることです。これは多くの人に根付いている習慣なので、少し心を用いれば日に三度、真実に神に向き合う時間を持つことになります。

その時にどうしても必要なことは、祈りの言葉の吟味です。習慣や惰性で口にしている言葉が実に多いからです。それは本当に自分が願っていることでしょうか。もしそうでないのならば、そういう言葉は口にしないことです。

例えば私は「この食物によって元気な強い体にしてください」という祈りを聞くと、「この人は病弱で悩んでいるのかな」と思います。「楽しい交わりにしてください」という言葉を聞くと、「この人たちは仲が悪いのかな」と思います。こういう聞き方は意地悪でしょうか。そうは思いません。心のこもらない言葉は、祈りにはふさわしくないのです。

自分の祈りの言葉を整えるために、すぐれた祈祷集を用いることはとてもよい助けになります。声に出してそれを読み、その後で自分の祈りを続けることによって、新しい祈りの言葉と祈りの心を学ぶことができます。

特に旧約聖書の詩編は、祈りの学校と呼ばれるほどすぐれた祈祷集です。私は週に一度の聖書の会で、五年ほどかけて詩編の講解をしたことがあります。詩編の祈りを読むと、信仰の先人たちが、自分の思いを神に訴え、神を説得しようと、言葉を尽くして語りかけるその言葉の豊かさに圧倒されます。ただ声に出して読むだけでも得るものは大きいでしょう。

詩編に収められた祈りは、声に出して祈られた祈りでしょう。祈りは神を呼ぶ行為です。実際に声に出して神を呼んだのです。あるいは嘆きも、訴えも、感謝も、声に出して祈ったのです。そのようにして、生きておられる神の前に、自分もまた全存在を賭(か)けて立ったのです。そこから、今でも私たちの心を動かしてやまない祈りの言葉の豊かさが生まれたのです。

そのことは、私たちが学んでよいことです。私たちの神は、私たちのために祈りの道を開いてくださり、祈りを待っていてくださる方です。その前に立って、その神を呼ぶ。私の神を呼ぶのです。もちろん、沈黙して祈ることも意味のないことではありません。でも自分の願いを、自分の訴えを、声に出して祈ることによって、私には呼ぶことのできる神がいますのだという、まことに幸いな事実を、心深く味わうことができると思います。

（単立・キリスト品川教会牧師）

聖　書

毎日の楽しい聖書——いつでも・どこでも・だれとでも

山下智子（やましたともこ）

「神は愛である」（Ⅰヨハネ4・8、口語訳）。これはわたしが最初に覚えた聖書の言葉です。わたしは三歳になると教会付属の保育園に入園しましたが、そこでは毎朝みんなで聖書に触れるのが日課でした。とはいえ小さな子どもたちのことですから、まだ字は読めません。どうしていたと思われますか？　保育士の先生が包装紙などで手作りした色とりどりの美しいカードを見せながら聖句を繰り返し読み上げてくださり、それを耳で味わうのです。

「神は愛である」のカードは、白地にかわいらしいブルーとピンクの花柄でした。それを覚えた頃に、先生はカードの柄だけを見せて「はい、これは？」とたずねます。すると小さな人たちは大得意で口をそろえて「神は愛である」と暗唱するのです。もちろんわたしもその中の一人でした。カードの枚数と暗唱できる聖句は次第に増えていき、毎朝の聖書の時間は楽しいゲームのようでもありました。なんと三歳のわたしはほんの少し保育園に通っただけで聖書の言葉をすらすらと家でも口ずさむようになり、母を「天使⁉　天才⁉」と大変感激させたほどだったのです。

しかしその一方でわたしはどうしても保育園になじめず、ついには数か月で中退となってしまいました。残念ながらたくさん覚えたはずの聖句もたちまちすっかり忘れてしまいました……。それでも保育園で「神は愛である」というみ言葉に出会いそれが心に残ったのは、幼いときは幼いなりに、大人になれば大人になったなりに、うれしいことや楽しいことばかりではなく、自分ではどうにもならないような苦しいことや悲しいことのある人生の歩みの中でとても意味のあることだったと思います。

聖書に記されていることは、たとえそれが分厚い一冊の中のわずか六文字「神は愛である」であっても、行き詰まったときに他の人や物からは見出せないような、安心安全な避難所、嵐を静める慰め、闇を照らす励まし、新たな一歩を踏み出すための道しるべとなり得るからです。

だからこそ、教会で聖書を読み、牧師の説きあかしに耳を傾けるだけでなく、自分自身でもさらに積極的に聖書に触れ、人生を支えるようなみ言葉にたくさん出会えたならば、どんなに毎日が心強いことでしょう。ところが自分で聖書を読むことは難しくて大変、ハードルの高いことと敬遠されがちです。なぜでしょう？　聖書を読んでみようと思う方の多くはとてもまじめで、きちんと正しく読まなくてはならないと考えすぎているからではないかと思います。

例えば聖書の最初から最後、創世記1章1節からヨハネの黙示録22章21節までの約二千ページを読み通し、それぞれの箇所で言葉の一つ一つに注意を払い、それが書かれた歴史的・社会的背景なども踏まえつつ、現代に生きるわたしたちにとって信仰的な意味を見出し、理解していくというようなことを目指すのです。もちろんそれができるならば素晴らしいことですが、おそらくふつうは時間、体力、気力、知識……さまざまな点で難しいことでしょう。まずは、できる範囲でみ言葉に日々触れる、楽しむ、味わうことを目指したらよいと思います。

これから聖書を読んでみようという方から、「どこから読んだらいいですか」「おすすめはどこですか」とたずねられることがあります。聖書には、この世の始まり（創世記）から、やがて救いの完成するこの世の終わり（ヨハネの黙示録）までの、わたしたちに対する神さまの豊かな救いの働きが事細かに記されています。その救いの歴史の中で燦然（さんぜん）と輝いているのはなんといってもイエスさまの存在です。ですからイエスさまの生涯と教えを記した四つの福音書のいずれかを読んでみてはいかがでしょうか。「いちばん短いのを」という方にはマルコ、「クリスマスのお話を」という方にはマタイ、ルカ、これら三つは共観福音書と呼ばれ重なる部分も多いので「少し違う視点のものを」という方にはヨハネをお勧めしたいと思います。

とはいえ新約聖書から読んでみようと思った方がマタイによる福音書から読み始め、最初に出てくるカタカナばかりのイエス・キリストの系図でたちまち諦めてしまったという話もよく聞くことです。神の子、救い主でありながら、わたしたちと同じ人間として歩んでくださったので、イエスさまの生涯と教えは比較的理解しやすいように思いますが、それでも約二千年前のイスラエルでの出来事は理解しがたい点もたくさんあります。

風邪をひいたかなというときにいつも飲むかぜ薬があります。よく見ると成分が細かく記されていますが、医師や薬剤師ではないのでそれぞれにどんな効能があるのかよくわかりません。それでも飲むとよく効きます。わたしたちは聖書が難しいということを大きな問題にしがちですが、よく効く薬と同じようにたとえよくわからなくても、み言葉に触れるならばそれがわたしたちの力になるということが確かに起こるのではないでしょうか。

ポイントは、たくさんあるわからない箇所を数え上げてため息をつくのではなく、たった一つでもいいので心に響いたところ、自分なりにこういうことかなと考えられたことを大切に喜び楽しむことです。聖書は「神のことば」とも言われますが、その聖書にも「いまだかつて神を見た者はいません」（Ｉヨハネ４・12）とあるくらいです。聖書のすべてを神の御心のままに理解するなどということはわたしたち人間にはそもそも難しいことなのですから。

そうしたことを踏まえ、少し乱暴な読み方かもしれませんがもう一つお勧めしたいのは、ぱっと開いたページを読むことです。もちろんまったくピンとこないこともあるでしょう。わからないなりに読むということにも意味はあるのですから、それでいいのです。今日はわからなくても、後で自分の日常に重なり、思い起こされ、じわじわと効いてくることがあるかもしれません。加えて、聖書を読むことは、おみくじや占いではありませんので、もし必要ならばその日必要な言葉を神さまが示してくださるまで何度でも開きなおせばよいのです。

聖書を味わう際に、心がけたいもう一つのポイントがあります。わからないなりに心に響いたところ、自分なりの気づきをさらに大切に楽しみ喜ぶためには、それを誰かと分かち合うことがとても役立ちます。これには教会の仲間たちがいちばんの候補者になるかと思いますので、礼拝後の交わりや、聖書研究会などはとても良いチャンスです。もちろん家族でもいいでしょうし、遠方にいる信仰の友というのもとても素敵です。なにしろ「神を見た者はいません」から、それぞれが聖書から受け取ったものを分かち合うことにとても意味があるのです。例えば「神さまはとてもやさしいお顔をしているような気がするね」「神さまの背中はとても広くて頼りがいがあるように感じたよ」「神さまの手はとても長くてわたしにも届きそうだと考えたけど」などとそれぞれの気づきを分かち合うのです。そうすれば仮にそれがわたしたちには見えない神さまについてであっても、一人で聖書を読んでいるときの平面的、部分的な理解よりは、ずっと立体的で全体的な理解へと深まるということが起こります。聖書を味わう楽しみ喜びもずっと豊かなものになり、ますます聖書が興味深く身近になることでしょう。

最後になりましたが、聖書を味わうということは、孤独で困難なとりくみではありません。神さまとのつながり、周囲の人々とのつながりを確かめ、深めるとても楽しく喜びの多い豊かなとりくみです。もしとても大変で続けられないと感じるようでしたら、「聖書の味わい方はこうでなければならない」「こういうものであるべき」ととらわれすぎているのではないかと一度振り返ってみてください。わたしの保育園での聖書との出会いがそうであったように、聖書の触れ方味わい方には実にさまざまな方法があり得ます。いまでは毎日スマホにお知らせが届き、今日の聖句を確認でき、さらにはそれを朗読してくれる便利なアプリもあります。心に響く聖句と出会ったら絵手紙やパッチワークなどの趣味を生かして作品にし、毎日の生活の中で楽しむ、あるいは誰かにプレゼントするのも素敵ですね。雑誌『信徒の友』の「日毎の糧」には毎日の聖書箇所と短いメッセージ、全国の教会が紹介されています。紹介されている教会にお手紙を送るととても喜んでいただけ、お互いに励みになります。あるいは一般財団法人日本聖書協会のホームページ（https://www.bible.or.jp）にも楽しみながら聖書を味わう助けになることが掲載されています。聖書のみ言葉に日々触れ、それを楽しみ味わう方法はまだまだいくらでもありそうです。今度はぜひみなさんの見つけた素敵な聖書の味わい方をわたしに教えてください。楽しみにお待ちしています。

（同志社女子大学准教授）

日毎

慰めの調べを刻む一週間の歩み

井ノ川勝（いのかわまさる）

礼拝から礼拝へ

日曜日の朝、礼拝堂に入って来る一人ひとりの足取りを講壇から見守ります。軽やかな足取りで入って来る方。重い足取りで入って来る方。緊張した面持ちで初めて礼拝堂に入る方。車椅子に乗って入って来る方。杖をついて入って来る方。腕を抱えられて入って来る方……。

教会員のAさんは病を抱え、全身に痛みが走る体をそっと労りながら入ってきます。一週間の生活を日曜日の礼拝に出席するために整えて歩むのです。礼拝を捧げた後、Aさんは笑顔で語ります。「今日も礼拝を捧げることができた。いつもこれが人生最後の礼拝になるのではないか、との思いで礼拝を捧げています」。Aさんにとって、礼拝は一週間の生活の目標であり、到達点です。そして礼拝からまた、次の礼拝へ向けての一週間の生活が始まります。礼拝は出発点でもあります。

礼拝堂に入って来られる一人ひとりが、一週間の生活の匂いを放っています。体を蝕む病と向き合ってきた方。愛する家族を亡くし、悲しみの涙が乾かない方。人との関係を修復できず、痛みを抱えている方。忙しい仕事に追われ、祈りを忘れる日々を過ごし、ようやく礼拝にたどり着いた方。仕事の中で、神の御心に反する決断をしたことに後ろめたさを感じている方。

一週間の生活において、さまざまなリズムが私たちの足取りを導きます。ともすれば、死のリズム、悲しみのリズム、後悔のリズムが神に抗うリズムになって私どもの生活を支配してしまいます。

慰めの調べをこころに刻む

私どもは礼拝において、聖書を通し、説教を通し、外から聴こえてくる「慰めの調べ」をこころに刻むのです。その慰めの調べが、一週間の生活を支配するさまざまなリズムに対抗して、生活の中心となる調べとなります。この慰めの調べを一週間の生活の中で、繰り返し耳を傾けて聴き、こころに刻むのです。

先日、教会員のMさんががんを切除する手術を受けることになり、手術の前に共に耳を傾けた慰めの調べがあります。

問　生きるにも死ぬにも、あなたのただ一つの慰めは何ですか。

答　わたしがわたし自身のものではなく、体も魂も、生きるにも死ぬにも、わたしの真実な救い主イエス・キリストのものであることです。

この方は御自分の尊い血をもってわたしのすべての罪を完全に償い、悪魔のあらゆる力からわたしを解放してくださいました。

また、天にいますわたしの父の御旨でなければ、髪の毛一本も落ちることができないほどに、わたしを守っていてくださいます。実に万事がわたしの救いのために働くのです。

そうしてまた、御自身の聖霊によりわたしに永遠の命を保証し、今から後この方のために生きることを心から喜び、またそれにふさわしくなるように、整えてもくださるのです。

（『ハイデルベルク信仰問答』問1、吉田隆訳、新教出版社）

そして共に祈りました。「手術中も、ただ一つの慰めの調べが支配しますように。生きるときも死ぬときも、ただ一つの慰めの調べが支配しますように」と。

私が牧会している教会では礼拝後、「信仰問答五分間勉強」を行っています。今、四五〇年以上慰めの調べを刻んできた『ハイデルベルク信仰問答』を学んでいます。

『ハイデルベルク信仰問答』の最良の手引きの一つが、ルードルフ・ボーレン著『天水桶の深みにて――こころ病む者と共に生きて』（加藤常昭訳、日本キリスト教団出版局）です。Mさんの手術中にあらためて読み直しました。ボーレンの妻が十五年間うつ病のため苦しんだ末、自死しました。耐え難い苦しみの中で、ボーレン自らもこころを病んでしまいました。そのようなつらい経験の中でボーレンは、『ハイデルベルク信仰問答』の言葉をひたすら暗記して学ぶのです。信仰問答の言葉をこころに刻み付けたのです。

妻を自死で失うという痛み、悲しみ、自らもこころを病むという苦しみが、こころにも体にも染み込んでこびり付いている。そのようなこころと体に『ハイデルベルク信仰問答』の慰めの調べを毎日暗唱し、刻む。すると光も射さない暗い閉ざされた穴蔵の底から、慰めの調べがじわっと染みわたっていく。「わたしがわたし自身のものではなく、体も魂も、生きるにも死ぬにも、わたしの真実な救い主イエス・キリストのものであること」の慰めが。

ボーレンはこのように語っています。「キリスト者の魂は、いかなる穴も持ってはならないと言うのは間違いである。自分の魂のなかに、どれほど大きな、どれほど多くの穴があろうが、それは問題にはならない。どれほど多くの苦い水が、その穴のなかに集まろうが、それも問題にはならないのである。むしろ大切なのは、穴だらけの魂を抱くままにイエス・キリストのものになっているということである。そうなれば、私の魂のなかの苦いもの、重苦しいものは、すべて私のものではなく、イエス・キリストに属する事柄なのである」（110ページ）。

「慰めの教会」こそ戻る場所

今から三十年前、私の父は心筋梗塞のため、六十歳で亡くなりました。前日までいつものように元気に仕事をしていましたが、睡眠中に発作が起こり、朝目覚めることはなかったのです。父の突然の死を受け入れられず、伝道者でありながら死の闇の中で魂は完全にうなだれてしまいました。そのような私に教会から弔電が送られてきました。「われら伊勢の地にて、悲しみを共にし、われらの主イエス・キリストにあるただ一つの慰めを祈る」。それは、『ハイデルベルク信仰問答』問1を示す言葉でした。悲しみの中で、死の闇の中で、信仰問答の慰めの調べをこころに刻もうという祈りが弔電に込められていました。

私はあらためて信仰問答問1の言葉を暗唱してみました。「わたしがわたし自身のものではなく、体も魂も、生きるにも死ぬにも、わたしの真実な救い主イエス・キリストのものであることです」と。

それまで私は、「わたしの真実な救い主イエス・キリストのもの」という言葉を、私個人が主イエス・キリストとつながっていると理解していました。しかし、教会からの弔電を通して、そうではないことに気づかされました。私は主イエス・キリストの体である慰めの教会に連なっているのだと。それがどんなにか慰めであるか。慰めの教会が私を悲しみの中から立ち上がらせてくれました。

私の背後に慰めの教会がある。その執り成しを受けて、私には帰る場所がある。慰めの教会へ。「あなたがたが苦しみを共にしてくれているように、慰めをも共にしていると、わたしたちは知っているからです」（Ⅱコリント1・7）。

妻を自死で失い、自らもこころを病む経験をしたボーレンを立ち直らせたのも、慰めの教会でした。ボーレンはこう語っています。

「私にとってのすばらしい経験は、妻の死に際して、この私を撃った出来事のなかで、自分はひとりではないということを感じ取ったということであります。私は、重い苦しみのなかで、神の慰めを体験しました。……私どもが信じるイエス・キリストの教会が、ひとつの現実であり、ひとつの力であるということを、これほどに強く体験することは今まであリませんでした。

――ある方は、ひとつの詩編の言葉を自分が聞き取り、私を訪ね、それを更に私に伝えてくれました。ひとことの言葉であります。それが私を凍える思いから解き放ったのであります。多くの人びとが書き、また語ってくださいました。私と人びとのために祈ってくださったことを。それが実際になされたことだということを、ほとんどからだで感じ取ることができました。神は、教会のなかで、教会を通じて、私を慰めてくださったのであります」（229ページ）。

『ハイデルベルク信仰問答』の言葉を暗唱もできないほどに落ち込んだ私に、慰めの教会に生きる信仰の仲間が慰めの言葉を運び、執り成してくれる。それがまた私を礼拝へと導くのです。

日々の闘いに疲れ、病み、意気消沈している私たちです。しかしそれでも礼拝へと戻るのは、そこに慰めの教会があり、私たちの戻る場所があるからです。

「これが人生最後の礼拝になるかもしれない」と語ったAさん。その言葉の背後に、「礼拝において永遠の安息を始めている」（『ハイデルベルク信仰問答』問103）との信仰を見ました。

（日本基督教団 金沢教会牧師）

Ⅱ　魂に向き合う

悲しみ

悲しみに言葉を、痛みに名を

詩編の祈りに学ぶ

左近（さこん）　豊（とむ）

祈りとなってほとばしる呻（うめ）き

アン・ウィームズという詩人がいます。二十一歳の誕生日を迎えたばかりの息子を無残に殴り殺されて、彼女は詩を失いました。それまで溢れ出ていた言葉の泉は枯れて、沈黙の闇に悶（もだ）え苦しみます。この詩人に寄り添い、悲しみに言葉を、痛みに名を与え、闇を切り裂いたのは、詩編でした。

3 月刊行予定

TOMOセレクト
すべては導かれている（仮題）
佐藤 彰

ここが変わった「聖書協会共同訳」（仮題）
《新約編》
辻 学／浅野淳博／伊東寿泰／須藤伊知郎／中野 実／廣石 望

読者の声 『信徒の友』連載「わたしの1冊」より

うさおとあるく教会史
しおたになおや
●A4判変型・104頁・1,800円《2011年2月刊》

教会という舟は難破の危機をくぐり抜け、大きな潮の流れにとらえられてきました。本書は2000年の旅路を楽しいマンガと簡潔な文章でたどる航海日誌。本書をひもとけば、教会を導く力強い潮の流れに気づくとともに、今までの困難や失敗を通じて、目的地（神の国）までの旅の備えを学べます。

本書は、教会史という広大なテーマパークの「イラスト園内マップ」にも例えられます。初めての訪問者にもわかりやすく、でも見逃せないポイントは外さず記載。これを片手に、気になったエリア（時代）を訪れては、マップを見返して園の全体を確認し、園内（教会史）を巡れます。私の好きなエリアは「宗教改革第２ステージ」「内村鑑三」「世界大戦とバルト」など。私みたいなリピーターにもお勧めです。

風は思いのままに
聖書黙想31日

山本将信
西片町教会の牧師を長く務め、長野での牧会の傍ら、キング牧師の研究や農業を営むなど多彩な活動を行った山本将信牧師のメッセージ集。西片町教会の「月報」の巻頭メッセージ、教会員・支援者にメール配信した月刊「おとづれ」に掲載されたメッセージより31日分を精選。

●四六判・並製・136頁・1,400円《12月刊》

赦されて生きる
山本将信説教集

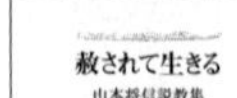

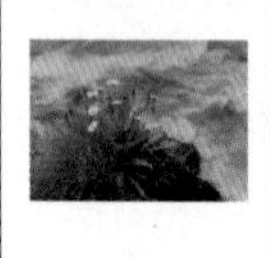

山本将信
西片町教会の牧師を長く務め、長野での牧会の傍ら、キング牧師の研究や農業を営むなど多彩な活動を行った山本将信牧師の説教集。証しの説教「赦されて生きる」のほかに、講解説教としてマルコによる福音書7編、「主の祈り」7編、「種まきのたとえ話」5編を収録。

●四六判・並製・136頁・1,400円《12月刊》

信徒必携 改訂更新版

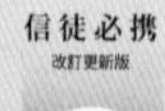

日本基督教団東京教区 編
主に招かれ主に従って生きることを志す信仰者は、教会・家庭・社会においてどのように歩むべきなのだろうか。聖書と歴史を通して示される信仰生活の基本をふまえつつ、現代日本にあってキリスト者が心に刻むべき姿勢を、生活のあらゆる場面にわたって丁寧に解き明かす。

●A6判・並製・140頁・500円《11月刊》

日本における讃美歌
Hymnology in Japan

手代木俊一

近代以降の日本における讃美歌・讃美歌集の歴史についての論考と、研究の先達たちの論文翻訳をまとめた集大成。明治期の讃美歌・聖歌、琉球語讃美歌に関する論考、讃美歌史上の重要人物である松本幹、鳥居忠五郎、安部正義、G. オルチンに関する小論などを収録。

●A5判・上製・506頁・6,500円《2月刊》　最新刊！

信仰生活ガイド
全5巻《第4回配本》

教会をつくる

古屋治雄 編

教会形成、教会の儀礼、教会運営、教会生活にまつわる記事14本を収録。教会の土台であるその本質、使命、役割と聖礼典について再確認し、教会生活における喜びと慰めの経験を通して、具体的に教会を担うための、祈祷会、献金、役員会、招聘について解説する。

●四六判・並製・128頁・1,300円《1月刊》

ナウエン・セレクション《第2回配本》

アダム　神の愛する子

ヘンリ・ナウエン　宮本 憲 訳　塩谷直也 解説

ナウエンは自らの「居場所」を求め続けた。彼の深く傷ついた心を変えたのは、ことばで意思を表現できない青年、アダムとの出会いだった。アダムのケアに四苦八苦するうちに、ナウエンはついに「居場所」にたどりつく。塩谷直也氏による書き下ろし解説を加えて待望の復刊。

●四六判・並製・192頁・2,000円《12月刊》

日本キリスト教団出版局

新刊案内

2021.2

『信徒の友』記事に書き下ろしを加えて書籍化、信仰生活の基本を（再）確認する好評シリーズ、全5巻完結！

信仰生活ガイド
全5巻《最終回配本》

信じる生き方

増田 琴 編

信仰生活を送るにあたって踏まえておきたい記事14本を収録。礼拝の喜びや祈りの心構え、聖書の読み方といった日々の歩みから、悲しみとの向き合い方、多宗教社会における信仰生活のあり方、隣人と共に生きる姿勢にいたるまで、多岐にわたって取り上げる。

●四六判・並製・128頁・1,300円《2月刊》

【シリーズ好評発売中】各巻 1,300円
『主の祈り』『十戒』『使徒信条』『教会をつくる』

〒169-0051 東京都新宿区西早稲田 2-3-18
TEL.03-3204-0422　FAX.03-3204-0457
振替 00180-0-145610　呈・図書目録
https://bp-uccj.jp
（ホームページからのご注文も承っております）
E-mail　eigyou@bp.uccj.or.jp
【表示価格はすべて税別です】

呻(うめ)きは祈りとなってほとばしり、悲しみは歌となって溢れ出します。

「ああ、神よ、わたしの名をお忘れになったのですか？／いつまで、この嘆(なげ)きの淵(ふち)に捨ておかれるおつもりですか？／わたしは心から『ホサナ』とあなたを賛美してきた、これまでずっと／新春を彩(いろど)る棕櫚(しゅろ)の葉を振りながら／賜(たま)わる物でみちたり、信じてあなたに従いとおして参りました。／そうしたら、そうしたらあいつらがわたしの愛する子を殺した！／さしたる考えもなく、憐れみのかけらもなしに、奴(やつ)らは殺したんだ！／わたしは今、闇の中に座り込んでいます。／『ホサナ』は咽喉(のど)につかえたまま。……どうして棕櫚の葉を振ることなどできましょう？／どうやってイースターを望みみることなどできましょう？／ああ神よ、どうしてわたしをラケルと呼ぶのですか？／『激しく泣き叫ぶ声がラマで聞こえた』／それはこのわたしの声です！／ラケルは慰められることを願いません！／聞こえないのですか？／あなたの名はインマヌエルなのに／わたしのところには来てくださらないのですか？／一体いつまで待たなければならないのですか？／闇夜を照らす灯もない、この痛みの床で。……

来てください、聖なる方よ！／あなたのシャロームを味わわせてください。／そうすれば、この淵であなたを賛美する声を見つけられるかもしれない。／『ホサナ』を引っ張り出してください、この乾ききった唇から／そうすればあなたの永遠の恵みを、ことごとく歌い上げることでしょう。／その時、わが神こそ、摂理をもってわが闇のうちに訪ねてくださる神であることを／世は知るでしょう」

祈りを整える詩編

人生が暗礁に乗り上げ、思い描いていたライフストーリーが途上で難破してしまうことがあります。あるべき未来が、願っていた仕事が、夢見た幸せが忽然と地平線から姿を消してしまう。座礁した人生を抱きしめて、当人も周囲も言葉を失い、沈黙が何よりの慰めになることさえあります。言葉が無力となり、「今、わたしに親しいのは暗闇だけです」（詩編88・19）としか言いようがない時、あるいはいったん口火を切ったが最後、パンドラの箱を開けるようにありとあらゆる感情が暴発しそうになってしまう時、「あまりに黙していたので苦しみがつのり　心は内に熱し、呻いて火と燃え」（同39・3―4）て耐え難くなってしまう時、どう祈っていいのかわからなくなります。

詩編は、祈りの道筋を整えます。祈る者は、そこで旧約詩人たちの悲しみの表現、祈りに導かれ、嘆きに教えられながら、それぞれの悲しみのプロセスを詩人たちと共有し、その助けを借りて、より意味深いものとして体験し、推敲（すいこう）し、言葉にしてゆくのです。「神さま！」と呼ばわり、悩み悲しみを包まず述べて、救いを求め、回復を願い、そして感謝へと手引きされるのです。その語り口、祈り方、嘆き方は、普段の私たちの言葉遣いとは異なります。ですから外国語を習得する時のように、普段から口に出して詠（よ）み、親しむことが求められます。冒頭で紹介したウィームズは、母国語（英語）に長（た）けていましたが、想定外の悲劇に見舞われて言葉を失いました。そして嘆きの詩編に導かれて祈りの語彙（ごい）を獲得し、嘆きを深めて言葉を回復していったのです。

旧約の民は、壮大な神の救いの歴史が、目の前で、神殿、城壁、王宮もろとも音を立てて崩れ落ちる経験をしました。馴染（なじ）んできた世界の廃墟にたたずんで、瓦礫に失われた「言葉」を探し求め、ついには見いだし、携えて脱出する詩人たちの営みを詩編に見ることができます。崩壊と試練をくぐった詩人の言葉は、逃避や沈黙を促したり、自己陶酔や感傷に浸らせるものではなく、深い闇の底から、声を大にして主に向かって「ああ、神さま！」と呼ばわる「祈り」へと突き抜けてゆくものなのです。

詩編の「祈り」は、声に出して歌われることを前提としています。各詩編の冒頭に記された見出しをご覧ください。全詩編中一一六の詩に付けられており、「指揮者によって、伴奏付き」とか「賛歌。ダビデの歌」といったものが目に留まります。これは音楽にあわせて「祈り」が朗誦（ろうしょう）されてきたことを示唆しています。兄弟姉妹と共に詩編を祈る伝統は、教会にも受け継がれ、霊的生活の中心とされていました（エフェソ5・19、ヤコブ5・13）。教会は深い悲しみのゆえに祈れない者と共に嘆き祈る言葉を詩編を通して与えられているのです。

祈りの学校

詩編は「祈りの学校」として時空を超えて信仰者を霊的に育（はぐく）んできました。祈りを手引きし、代々の聖徒らを結びつけ、しばしば陥りやすい孤独と独善的な祈りから守ってきたのです。ここで重点的に教えられているのが「救いを求める祈り・嘆き」で、詩編全体の四割強を占めています。悲嘆に暮れて孤独と沈黙と恐怖に閉ざされそうな信仰者たちが、神を知らぬ者のようにではなく、神の民として嘆くように導くのです。病床にあって（詩編〔以下同様〕6、13、38、41編等）、人生の泥沼で（22、42、69、88編等）、信仰の戦いに赴き（35、56編等）、罪を悔いて（51、102、130、143編等）、時代の風に逆らって（74、94編等）、社会悪に立ち向かい（12編）、孤独・孤立し（3、142編等）、誤解・中傷に傷ついて（5、27編等）、人生の黄昏（たそがれ）を思い（71、90編等）祈るのです。

もちろん詩編を編んだ共同体が嘆いてばかりいたということではありませんが、少なくとも嘆くことを重んじていたことは確かです。試しに私たちの『讃美歌21』を紐解（ひもと）いてみますと、このような嘆きを歌ったものは全五八〇曲中二割ほどにすぎないことに気づかされます。米国諸教会の賛美歌集も同様の傾向を示しています。嘆きの祈りの強調は私たちの霊的生活を寂しくするものではありません。勝ち馬に乗る者の皮相的な言葉が支配的な世にあって、深みから発せられる詩編の祈りは、汲めども尽きせぬ豊かな泉となって渇いた魂を潤すものなのです。

大胆に祈り、大胆に信じる

ただし詩編の祈りは格闘と葛藤も引き起こします。時に反発を感じさせることさえあるでしょう。中でも躓きとなるのが復讐を願う言葉ではないでしょうか？

「いかに幸いなことか　お前がわたしたちにした仕打ちを　お前に仕返す者　お前の幼子を捕えて岩にたたきつける者は」（137・8―9）。「彼の生涯は短くされ　地位は他人に取り上げられ　子らはみなしごとなり　妻はやもめとなるがよい。……彼は呪うことを好んだのだから　呪いは彼自身に返るように」（109・8―9、17編）。

敵に対する激しい憎悪をむき出しにした表現に私たちは戸惑いと不快感を覚えます（55、58、59、140編等）。けれども圧倒的な暴力に晒され、正義を踏みにじられ、尊厳を奪われ、辱められ、呪われたことのある人は知っているのです。自ら落とし前を付けられず、無力で泣き寝入りするしかない「貧しい者たち」は知っているのです。厳然と力を行使し続けている敵の下にあって、行き場のない荒々しい思いは、ただ主に聞いていただき、神に正義を回復していただくしかないということを。

詩人たちは、礼拝の場にすべてを携えて上っているのです。賛美、告白、感謝と共に、願い、不満、心の奥底に疼く打ち震えるような憎悪、燃えたぎる毒々しい思い、激烈な痛みと怒りをも。そして何よりも自分では解決できない罪を携えて。「主よ、わたしの祈りを聞いてください。この叫びがあなたに届きますように」（102・2）、「わたしの祈りを御前に立ち昇る香りとし　高く上げた手を　夕べの供え物としてお受けください」（141・2）と願いつつ。取り繕ったり、気兼ねしたり、感情を押し殺すことなく、大胆に声を上げて嘆き祈ってよい。それも信仰的祈りなのだということを詩編は教えます。大胆に祈り、しかも大胆に信ぜよ、と。

御子は苦しみの極みにあって大声で祈られました（ヘブライ5・7）。主の受難、死と復活に与る約束を遥かに望み見ながら、終わりの日を待ちながら、私たちはおぼろげに見るのです。「神に見捨てられ、不条理に晒されながら泣く者たちと、泣く者と共に泣く者たちの魂から湧き上がってくる抑制されたハレルヤが聞こえるのを。目を凝らせば、必ずや神のみ手が、彼らの空に星の輝きを戻しておられるのを見ることでしょう。一つ。また一つと」（アン・ウィームズ『嘆きの詩』「まえがき」より）。

（日本基督教団　美竹教会牧師、青山学院大学教授）

問い

「わからない」から始まる新しい物語
ルカによる福音書24章13―27節から

奥田知志（おくだともし）

他者が必要な理由

「お前に俺の何がわかるか」と親父（おやじ）さんは僕にそう吐き捨てて去っていきました。長年のホームレス支援においてしばしば経験した場面です。親父さんの隣に座り込み、ともかく話を聴きます。最初は何も言ってくれません。しかし通ううちに少しずつ話をしてくれるようになります。子どものころの話、家族を捨てたこと、野宿生活になったこと、死のうと思った日……。しかし「つらかったですね、わかります」と私が言った瞬間、親父さんは烈火のごとく怒って叫び出したのです。みんながそうだったわけではありません。「初めて聴いてもらった」と涙を流す人もいました。ですが「お前に何がわかるか」と言われる場面は少なくありませんでした。

人は一人では生きていけません。天地創造以来の事実です。「人が独りでいるのは良くない」(創世記2・18)からです。これが「助け手」という「他者」が必要な理由です。さらに重要なのは、人は自分を知るためにも「他者」が必要だということです。自分では自分がわかりません。「私」というものは直接的に認識できないのであり、他者を通して間接的にしか認識できません。だから、私たちには他者が必要なのです。

イエスは、しばしば「隣人」を話題にしました。隣人愛の大切さを説くと同時に、人が「隣人」を通して自分を認識することを示したのだと思います。ルカによる福音書10章の「善(よ)いサマリア人」のたとえで、律法学者の「わたしの隣人とはだれですか」という質問に対して、イエスはたとえを語り、最後に「あなたが隣人となるのだ」と律法学者に迫ります。やり取りを通じて律法学者は「わたしが隣人なのだ」との自己認識を持つのです。

心理学では「自己認識」は、通常「自己理解」を指します。つまり自分の長所や短所を知ることであり、自分の深層に入り込むことでもあります。しかし、はたしてそれで本当に自分が探し出せるのでしょうか。むしろ自分という迷宮に迷い込むことにならないのでしょうか。自分の中を掘れば掘るほどわからなくなるのではないでしょうか。

なぜならば人は外なる生、他者との出会いの中でこそ自分を見いだすと思うからです。自己の内面の声に聴き従うだけでは、逆に自己を喪失しかねません。そもそも私たちが持つ信仰そのものが外なる生、すなわち私たちが決して所有したり、支配することができない外なる存在である神との出会いで始まるのではないでしょうか。神は絶対的な他者です。その神の前で私たちは初めて自分を知るのです。

わからないということ

他者との関係は、痛みにおいても重要です。人が経験する痛みには、急性の痛みと慢性の痛みがあります。急性の痛みは原因が明確で、原因を取り除けばおさまります。しかし慢性の痛みは、過去の記憶から来ると言われており、原因がはっきりしません。それは過去の記憶が意味づけられ、物語化されることで緩和されます。このような痛みの意味づけ、物語化に欠かせないのが他者の存在です。

とはいえ、痛みの中にはそれでも解消できないものがあります。最初に紹介した親父さんの言葉が意味するところの痛みです。「わかった」と言われるほど強い疎外感が生まれる、そんな痛みです。他者とはむずかしい存在で、共感可能な存在であると同時に共感不可能な存在でもあります。他者に意味づけられたとしても納得できないという痛みは現に存在するのです。

私たちは、そのような痛みを持った人々とどのように関わることができるでしょうか。その一つの解答が、「わからないという現実をそのまま引き受ける」、つまり「共感できないという現実を共感する」という関わりです。「わかった」という言い方では決してコミュニケーションできない「痛んでいる人」と、「わからない」、すなわち「コミュニケーションできないというコミュニケーション」をするのです。

なぜ、との問いの前で

苦難の中で人は問います、「なぜ、そのようなことが起こったのか」と。その理由も意義も誰にも答えられません。無理やり物語にすると痛みが増すだけです。苦難が間違って解釈されるぐらいなら解釈しないまま放っておくほうがいい場合があります。

このように、「なぜ」という問いの前にたたずむ私たちですが、そこで十字架のイエスと出会うのです。イエスは十字架の上で「わが神、わが神、なぜわたしをお見捨てになったのですか」（マルコ15・34）と叫ばれました。神さえも答えられない「問い」の中にイエスはおられました。他方、神は「わかった」とは言わない他者として、沈黙のままイエスの前におられました。コミュニケーションできないが、神は共にいてくださった。「わが神」という呼びかけは、そのことを表しています。

「信仰こそ人生の問いに答えを与える」と思い生きてきた者にとって、答えのない状態は救いがない状態と映ります。しかし、答えも救いもないその場所に、主なる神も救い主もおられたのです。救いとは何か？　その答えを与えるのも大切です。しかし、「なぜ」を分かち合い、問いの中で共に生きる、それも大切なことだと思います。

コミュニケーションできない痛みを多くの人が抱えています。その不安からか東日本大震災後に「絆（きずな）」が連呼されました。確かに、他者の苦難に共感しようとすることは人として自然な思いです。人は共感することが許されています。しかし、「共感」が成立しない場面があるのです。私たちは「わかる」とは言えなかったし、言われても困るのです。それでなんとか「絆」と言ってごまかそうとしましたが、そこに「共通言語」は存在しませんでした。

救い主は「インマヌエル（神は我々と共におられる）」（マタイ1・23）と呼ばれます。私たちは、「共にいてくださる神さまが何をしてくださるのか」と早急に求めます。奇跡や癒やしも恵みです。しかし、奇跡が起こらず、「なぜ」に対する答えもない現実、すなわち十字架に神は共にいてくださったということを知らなければなりません。

インマヌエルとは、神が何かしてくださる以前に「神が共におられること」なのです。十字架のイエスの問いに神は「わかった」とは言われませんでした。イエスは「なぜ」と問いながら、答えのない現実の中におられます。しかし、そこにも神がおられ、わからなくても共にいてくださる、それが共感を超えたインマヌエルの恵みです。

新しい物語へ

コミュニケーションできない現実は、物語が生まれない状態だと言えます。しかし、いつかそこからも新しい物語が生まれる日は来るでしょう。事実、三日目にイエスは復活されました。新しい物語の始まりです。それぞれの人生において三日の長さは違います。ですが、他者との出会いの中で、いつかまだ見ぬ物語へとコンバージョン（転換）、すなわち回心される日が来るのです。

ルカによる福音書24章13節以下にはイエスの処刑後にエマオへと逃げる二人の弟子の姿が描かれています。そこに復活のイエスが追いつき「何を話しているのか」と尋ねられます。二人はイエスとはわからず、「このごろ起こったことを知らないのか」と言います。さらに「どんなことか」とイエスが尋ねられると、弟子たちはあの悲劇、十字架刑について語りました。するとイエスは「モーセとすべての預言者から始めて、聖書全体にわたり、御自分について書かれていることを説明され」（27節）ました。その後、弟子たちはそれがイエスだったと気付き、エルサレムへと戻って行きます。しかも、絶望していた弟子が「道々の話に心が内に燃えた」と言いだします。

なぜ落ち込んでいた弟子たちの心が燃えたのでしょうか。そこにはスケールの違いがあるように思います。弟子たちは「この数日」起こったことを思い、絶望を物語ります。また、その理由を測りかねていました。これに対してイエスはモーセから始めて聖書全体から物語るのです。

スケールとは「秤（はかり）」「尺度」のことです。どんなスケールで生きるのか、どんな尺度で物語るのかが重要なのです。自分のスケールでは意味不明で絶望的な物語でしかない。いや、物語としてさえ語れないとしても、いつかまったく違うスケールを持つ他者と出会う日がきます。

信仰はスケールの問題です。十字架を数日の出来事ととらえていた小さなスケールの弟子たちに対して「それを言うならモーセから始めねばなるまい」と聖書全体、神の歴史の全体からひもとき、物語るイエスがいます。復活のイエスは、解けない謎（十字架の出来事）に茫然（ぼうぜん）自失していた弟子と共に歩いておられました。そのイエスとの出会いが、弟子たちに新しい物語を示したのです。

人生にはエマオに下る日があります。すべてが灰色に見え、絶望が私を支配します。私たちの物語は途絶えます。二〇一一年三月十一日から十年が過ぎました。「わからない」という現実、「なぜ」の問いの中で今も呻吟（しんぎん）している人がいます。安易な物語では解消できない痛みが疼（うず）きます。イエスは、「なぜ、こんなことになったんだ」と嘆く私たちといつの間にか旅をしてくださっています。そして「よければ、そろそろこっちのスケールを使ってみないか」と優しく微笑みかけられます。その日、私たちの中に新しい物語が生まれるのです。

（日本バプテスト連盟東八幡キリスト教会牧師、認定ＮＰＯ法人抱樸理事長）

和解

亡き娘が出会わせてくれた隣人

柴田須磨子(しばたすまこ)

四月十九日、この日は私たち家族にとって一年で最も大切な日です。それは三十三年前に娘の聖(ひじり)が交通事故で天に召された日であり、勤務中の事故で加害者となってしまったNさんとの出会いの日でもあるからです。

あれ以来、聖の命日には、今は遠方に住むNさんから一度も欠かすことなく花束が届きます。そして、あの日からずっと私たち家族を支えてくださっている多くのカトリック司祭が毎年四月にはかわるがわる追悼ミサをあげてくださいます。Nさんが当時勤務していた福岡支社の方も美しい花束と共にミサに参列してくださり、もったいないほどの交わりをいただいています。そしてNさんの熊本のご両親からは里芋、みかん、豆類など数えきれないほどの農作物が年に数回送られてきます。

父親を導いた幼い娘

「目を覚ましていなさい。あなたがたは、その日、その時を知らないのだから」（マタイ25・13）と聖書にあるとおり、私たち家族にもその日は悪夢のように突然襲ってきました。春がにっこりと顔を出したような暖かな土曜日の午後でした。聖はおろしたての真っ白なパーカーをうれしそうに羽織り、小学校二年生になったばかりの名札を胸に楽しそうに友だちと出かけました。その十五分後、見知らぬ女性が聖の靴を片手に事故を知らせに飛び込んできました。

「えっ！　嘘でしょ？　嘘だ！」。私はそう叫びながら事故現場に駆けつけました。そこで私が目にしたのは歩道に仰向けに横たわっている聖、大きな目がグルグル回り、まるで壊れた人形のように身動きしない小さな聖の姿でした。

　救急車の中で私は必死に叫んでいました。「ひっちゃん（聖の呼び名）！　マリアさまとイエスさまのことだけ考えなさい！」。まるでその声に応えるかのように「うぅ〜ん……」とうめいた我が子。これがこの世で最後の聖の声でした。そのわずか半月前の復活祭（イースター）に喜びの初聖体式（カトリックで、おもに幼児洗礼を受けた子どもが初めてイエス・キリストご自身である聖体＝パンをいただく儀式）を迎えたばかりの七歳五か月の短い生涯でした。

　わが家は四人の子どもに恵まれ、息子と長女次女が年子で、その七年後に聖が誕生しました。やっとゆとりある子育てができるようになり、小さい聖の存在は家族みんなの心に愛する喜びを育てていきました。

　私は名古屋の聖霊病院付属高等看護学院の学生だった二十歳のときに洗礼の恵みをいただきました。結婚後、夫は子どもたちの幼児洗礼を許してくれたものの、自身は決して神を信じていませんでした。

　ある日の夫と聖のお風呂での会話を思い出します。「パパは死んだらどこに行くの？」「パパは神さまを信じてないから地獄さ」「じゃあ、ひっちゃんが死んだら天国から、『パパ、お元気ですか?』ってお手紙書いてあげるね」。不思議な会話です。
告別式の日、その頑固な夫が声を震わせて言いました。「聖を殺した車も人も焼き殺してしまいたい。しかし、聖が……聖がゆるしてあげてと……」。そして、天国から地獄へ手紙を書かせるわけにはいかないからと、その約一か月後の聖霊降臨(ペンテコステ)の日に洗礼を受けたのです。Nさんも彼が勤務する福岡支社の方々も、その洗礼式に参列してくださいました。

しかし洗礼を受けたものの、主は目には見えない沈黙の神です。季節がめぐっても周りは何も変わらないのに、あの子だけがどこにもいないという現実があります。親心だけが置き去りになりながらも、Nさんたちとの静かな交わりは日常の中で途切れることなく綾(あや)なされていきました。

「ゆるし」だけではいけない

十年ほど前になりますが、カトリック福岡教区の聖書講座でジュード・ピリスップレ神父様が「ゆるし」をテーマにお話しされました。「ゆるしは大きな忍耐が必要でしょう。しかし私たちはそれだけではいけません。ゆるしの後に和解ができて初めて平和があります。そして回心できるのです」。ゆるしだけではまだ上下の間柄にあること、お互いが受け入れ合って、同じ線上に立って初めて和解があるというのです。この和解という言葉は私にとってはまさに言霊(ことだま)で、言葉にならない緊張感から私を解放してくれました。

Nさんとその周囲の方々との三十三年にわたるお付き合いが、実は和解への一歩一歩だったことに気付かされたのです。Nさんの熊本のご実家には第二の故郷のような温かさを感じるようになっていき、Nさんの結婚式にもご招待いただき、長男と列席したことも貴重な思い出になりました。

また、つい先ごろ知ったのですが、Nさんが勤めていた福岡支社は四月十九日を今でもノー・マイカーデーにしているとのこと。頭が下がる思いです。あの日から目に見えない神さまは見えるしるしをたくさんくださっていたのです。聖が命をかけて残してくれた隣人Nさんを通して、主はさまざまに働いてくださっていたのです。

二十年前から私は聖の命を生きるためにも、子どもを亡くした親の会や「ぬくみカフェ」のがん哲学外来福岡ホスピスの会のお世話をさせていただいています。仕事を含めさまざまな活動の中で、時に立ち止まり行き詰まることがあります。そんなとき、聖の声が聞こえます。「ママ、頑張って。イエスさまが一番お疲れなんだよ」。聖は死んだのではない……神さまのもとにお返ししただけ……。そして、なぜイエスさまは今も十字架上にいらっしゃるのか、短い生涯の中で聖は私に教えてくれたのでした。

二〇二〇年十一月三日、主人は間質性肺炎にて七十五歳で天に召されました。その最後の最後まで聖の話を毎日していました。「ありがとう。神に感謝だなあ。人は周りの人のために仕事をして、最後はありがとうを言うために生きてきたんだなあ」と。今は聖と天上で三十三年ぶりにあいまみえ、やっとホッとしていることでしょう。

（福岡・カトリック西新教会信徒）

癒やし

ナウエンとの対話――惨めさと恵みの出会うところ

家まではまだ遠かったのに

後藤敏夫(ごとうとしお)

それぞれにかけがえのない霊の糧であるヘンリ・ナウエンの著作は、そのどれもが彼の深い苦悩から生まれたものです。多くの人がナウエンの最高傑作とする『放蕩(ほうとう)息子の帰郷』(あめんどう)は、彼の多くの著作のうちでも、もっとも深く彼自身と人間の魂の闇を明らかにしています。読者は、至るところで、レンブラントの絵に差し込む恩寵(おんちょう)の光が、ナウエンの魂の苦悩の窓を通して自分の魂の闇を照らし、そして深く優しく包むのを感じるでしょう。

ナウエンは、人間の心と魂の苦悩の闇を飾らない裸のことばで書いた人です。彼を個人的に知る人々は誰もが、「正直な人だった」と言います。なんでもあけすけに言って自分を他者に印象づけようとするのとは違い、神と人の前に霊的に正直であることは聖霊のご支配の中にあることです。その意味でナウエンとその著作（彼への召し）は、神から私たちへの贈り物です。

安らぐことのできない魂の闇

『明日への道』（あめんどう）は、ナウエンがハーバード大学神学部教授から、知的ハンディをもった人々とアシスタントが共に生きる家であるラルシュに生活の場を移すまでの旅路の日記です。ある人がこの日記を読んだ第一印象を「失望」と書いています。十年以上前に書かれた『ジェネシー・ダイアリー』（聖公会出版）と同じ問題で悩んでいて、まったく進歩していないように感じたというのです。

しかし、その人はすぐにその思いを訂正しています。それは私たちが自分自身であることに失望するのと全く同じ問題を抱えた人間が、そのことを正直に書いているのだと気づいたというのです。このことは、ナウエンの死の前月まで書かれた『最後の日記』（女子パウロ会）においても、全く変わりません。

ナウエンの全著作は、神の無条件の愛というメッセージに貫かれています。彼は終始一貫、ただそれだけを語り続けました。それは、ナウエン自身が最後まで神の愛のうちに安らぐことのできない魂の闇を抱えて生きていたからです。神に近づけば近づくほどに、彼の孤独と魂の闇は深まりました。その闇は、頭で考えた観念的なものではなく、彼の魂を深い絶望と不信の淵に投げ込む現実の力でした。

ナウエンは、自分が愛されていない、自分には値打ちがないという、疎（うと）んじられた感情の記憶に苦しみ、異常なほどに人との親密な愛に渇く人でした。そのためにささいな日常の事柄で恐ろしいほどに孤独や空虚感に悩みました。そういう彼の心の浮き沈みは、心理学や精神病理学の立場から説明できるかもしれません。しかし、そこから彼がのぞき込んだ闇の深淵（しんえん）は、「彼の魂で行われた神とサタンとの闘い」（大塚野百合氏）です。

私は、そのような深い闇を経験したことはなく、それを理解できるとは言えません。それでもナウエンの深い苦悩の闇に、自分自身の小さな苦悩の闇も包まれるように思い、深く慰められます。それは、ナウエンの深い苦悩の闇が、キリストのさらに深い苦悩の闇に包まれているからです。

生涯で最大の危機へ

初めてナウエンの著作を手にしたとき、私は、この世の最高の知性の場であるハーバードから知的ハンディをもつ人々が住むラルシュへという、その生き方に人生観として共感と憧(あこが)れを覚えました。

しかし、その移行は、彼の人生観や生き方の問題ではありませんでした。親密な愛情に激しく飢え渇くナウエンは、ハーバードでは生きていけなかったのです。ラルシュに移ったナウエンは、「やっとホームを見つけた」と言いました。ラルシュは彼にとって、心の故郷(ホーム)であり、魂の安らぎの家(ホーム)でした。

しかし、そこでも彼は、ハンディをもった仲間の心の傷に、自分の傷ついた感情を引き裂かれ、「自分は愛されていない」という恐れに子どものように泣くことがありました。

そしてそこで彼は、友情の破綻（はたん）から生涯でもっとも深い魂の闇に苦悶（くもん）します。数時間も号泣（ごうきゅう）するほどに苦しんだ彼は、人間に対する信頼を失うだけでなく、神の存在すらも疑い、六か月間ラルシュを離れて精神治療を受けなければなりませんでした。地上での生涯の家と定めた場で、生涯で最大の、心と魂の危機を経験するのです。いえむしろ、そこが生涯の家だからこそかもしれません。

ナウエンが長年築き上げてきた名声を伴う霊的な家は、ラルシュでの生活で、まるで段ボールで作られていたかのように燃え崩れました。豊かに与えることができると思っていた場所で、彼はもろく弱くされた自分に直面します。しかし、そういう内的葛藤（かっとう）の深さが、彼の魂の闇夜なのではありません。彼を徹底して苦しめたのは、家が燃え崩れる中での、「私にとって本当にイエスだけで十分か」という魂の問いでした。

前述のように、彼はラルシュに移って後、そこでそれまで深い愛情を育（はぐく）んできた友との関係の破綻を経験します。それはナウエンにとって親密な心の家が崩壊するような耐えられない苦しみでしたが、そこでの最も厳しい挑戦も、コミュニティの中で生きるためにイエスだけを選ぶかということでした。彼はそれを、それまで経験したことのない、すべてをはぎ取られる「第二の孤独」と呼んでいます。ナウエンという並外れて人間の愛に飢え渇く魂において、「神とサタンとの闘い」の闇の深淵があらわにされます。

本当のホーム

言葉に言い表せないその辛い体験を、ナウエンは、「神の存在がもはや感じられなくとも、あえてその腕の中に身を完全に投じることを求められる孤独であり、私の存在すべてを無（ナッシングネス）とも思えるものに賭ける冒険でもあった」（『明日への道』エピローグ）と書いています。

そのナウエンの深い孤独は、より深くキリストの十字架の孤独です。ラルシュを生涯の家としたナウエンは、ラルシュ・デイブレイク（カナダにあるラルシュのコミュニティ）に移る前に、師ジャン・バニエ（ラルシュの創設者）が語った神のことばに浸（ひた）されながら、すでにラルシュ・トローリー（フランスにあるラルシュ発祥の地）でこう書いていました。

「私たちは、貧しさに触れたと思うたびに、その先にもっと大きな貧しさがあることに気づかされる。そこにはもはや、富、財産、成功、喝采、賞賛の世界に戻れる道はない。物質的貧しさの向こうに精神的貧しさがあり、精神的貧しさの向こうに霊的貧しさがある。

その向こうには何もない（ナッシング）。つまり、神の慈しみ深さに身を投げ出す信頼のほか、何もない。それは、一人で歩める道ではない。慈しみがある以外、何もない場所へは、ただ、イエスと共に行くことだけが可能だ。そこは、イエスがこう叫ばれた場所である。『わが神、わが神、なぜわたしをお見捨てになったのですか』。そこはまた、イエスが新しい命に復活された場所でもある」（『明日への道』一九八五年十二月八日の日記）。

ナウエンは、ここで、キリストの十字架の闇に、その日バニエが語った「惨めさと恵みの出会う場」を見ています。そして、キリストの十字架の闇に包まれた「第二の孤独」こそは、ナウエンの惨めさと神の恵みが出会う場だったのです。そこで、何もない彼はイエスの愛にすがりつきました。

『放蕩息子の帰郷』の「エピローグ」でナウエンは、彼が見た「父の持つ虚空（エムプティネス）と憐れみ深さの底知れぬ美しさ」について語っています。弟息子に走り寄り、彼を抱きとめる父の懐を、ナウエンは「虚空（エムプティネス）」と表現しています。その先に何もない「無とも思えるもの（ナッシングネス）」は、すべてをはぎ取られて何もない彼を、すべてをはぎ取られた御子にあってその懐に抱く、無限に深い憐れみの「虚空（エムプティネス）」でした。その父の愛の懐は、弟息子だけではなく、兄息子をも抱きかかえます。そこで彼は、「わが子よ、わたしはあなたを愛している。あなたを愛している。あなたを愛している」というみ声を聴くのです。その無償の愛の懐こそが、父・御子・御霊の神の交わりの中に招き入れられるナウエンの本当のホーム（家・故郷）でした。

クリスチャンになってほぼ四十年、牧師になって三十年、いつも父の愛の懐から迷い出ては、「まだ家までは遠い」（ルカ15・20、新改訳）と思って歩んできたように思います。もう少しましなクリスチャンにならなければ、もっと信頼される牧師にならなければ、神さまに本当には愛してはもらえない、天の家に行く値打ちはない、そう思って生きてきたように思います。しかし、ナウエンは、彼自身の深い苦悩の闇を通して、心の奥の霊の家から、絶えず私にこう語りかけます。

「耳を澄ますなら／途上にあっても／すでに家にいることに気づくであろう」

（四街道惠泉塾塾頭、元・日本福音キリスト教会連合 キリスト教朝顔教会牧師）

＊文中の年齢等はすべて『信徒の友』掲載当時（二〇〇六年）のものです

喜び

主の復活！　衝撃にまさる喜びがもたらした礼拝日の変更

マルコ16章1―8節に見る初代教会の決断

徳善義和（とくぜんよしかず）

悲しみと絶望の淵

イエスの十字架は安息日の前日、金曜日のことでした。慌（あわ）ただしく冷酷にイエスの死に至るまで、金曜日の一日は過ぎていきました。遠くから近くから、弟子たちも女性たちも、悲しみ、打ちのめされながらこの出来事を見つめ続けたでしょう。それは人の思いを極めた深い悲しみと絶望であったにちがいありません。そうして金曜日の夕、安息日の始まりが迫る頃、アリマタヤのヨセフによって慌ただしくイエスの葬りが行われました。

　イエスが息を引き取る前に何かが起こるかもしれないという弟子たちの思いははかない希望に終わったのです。イエスとのことはすべてが終わってしまいました。そうなれば今はもうただ悲しむしかありません。悲しみの時が過ぎれば、首うなだれてガリラヤに帰るしかなかったでしょう。深い悲しみと絶望の時間が過ぎていきます。

　安息日が過ぎると、土曜日の夕方三人の女性たちはイエスに塗るための香油を用意しました。そして夜が明けるとすぐに、日曜日の朝早く彼女らは墓に急ぎます。これとてもちろん言い知れぬほどの深い悲しみと絶望の中での行為です。イエスを思う一心ですが、墓に着くまでは、墓を塞ぐ、女手に余る大きな石をどうするのかさえ思いつかないままに、平常心を失っていました。

　墓に着きました。彼女たちが見たものは、石が転がしてあって、ぽっかり口の空いた空の墓でした。そこにいた「白い長い衣を着た若者」から、主の復活とガリラヤへの先行について、他の弟子たちに告げよ、との言葉を聴きます。彼女たちは打たれ、恐れます。

衝撃、それは恐れの極み

マルコによる福音書の元々の終わりと思われる16章8節は唐突に終わります。「婦人たちは墓を出て逃げ去った。震え上がり、正気を失っていた。そして、だれにも何も言わなかった。恐ろしかったからである」と。訳し方によっては、「だれにも何も言わなかった。恐ろしかった。なぜなら」とも読めます。「告げなさい」と言われていたのに、それも放り出し、逃げてしまったのでした。役目放棄ですが、これが主の復活直後の様子を伝える最初の生々しい証言でした。

復活の証人とされた三人の女性たちは驚愕（きょうがく）、恐怖、周章狼狽（ろうばい）！　恐らく這（は）うようにして主イエスを葬った空の墓から逃げ去ったのでしょう。「恐ろしかった」、この一言に尽きるかもしれません。

悲しみと絶望はたとえどんなに深くとも人間の事柄です。しかしこの朝の空の墓では、遥（はる）かにそれを超える、それ以上のことが起こったと言わなくてはなりません。人間が予想し、想像できる範囲を遥かに越えた、起こるはずのない出来事に直面してしまったのです。

衝撃に打ちのめされて逃げた彼女たちはどれだけ長いこと沈黙し、隠れるようにしていたことでしょう。福音書は「恐れる」とか「恐れるな」と伝えるときいつもそこに人間を超えた、神の顕現と働きとが起こっていたことを示しています。恐れた彼女たちはまさに、死人の復活という「神の出来事」に直面させられていたのでした。

ようやくこのことを弟子たちやペトロに話しても、きっとすんなりとは受け止められなかったことでしょう。疑われ、非難もされたのではないでしょうか。だんだん受け止められていくにつれて、彼女たちの受けた衝撃が弟子たちのものにもなりました。もちろん彼女たち自身にも弟子たちにも事態がすっかりわかったわけではなかったでしょう。しかしみんなの結論はこうでした。若者が女性たちに告げたように、ともかくガリラヤに行こうということです。

「帰る」のではありません。「行く」のです。彼らはエルサレムからガリラヤに行きます。衝撃に打たれた心のままで、イエスと共に過ごしたガリラヤの日々の跡をたどります。この場所での主のことば、あの場所での主の働き、その一つ一つをあらためて思い起こし、心に刻みます。その一つ一つが彼らの心にまったく新しい仕方で響いたでしょう。

これが始めはバラバラに一つ一つの段落になって口伝えで広まり、整えられて、次第にマルコによる福音書の原型に当たるものになっていったのでは、と私は思っています。そのまとまったものの始めに彼らはあの末尾の「なぜなら」に続けて、「神の子イエス・キリストの福音の初め」と銘打ったのです。驚愕、恐怖、衝撃に打たれた「主の復活の知らせ」を神の出来事と受け止めることのできた瞬間です。

悲しみの記念日から喜びの記念日へ

女性たちにも弟子たちにも衝撃が大きかっただけに、ガリラヤで主の足跡をたどり、そこでイエスを「神の子キリスト」と信じるに至って、あの朝の出来事を主の復活の告知と心に聴き留め、刻んだ一同は、あの折の深い衝撃にいやまさる喜びに満たされました。

主の捕縛から裁判、そして十字架と死と葬りと続いたあの日は安息日の前日でした。弟子たちがなす術もなくうろたえた一日でした。翌日の安息日は彼らの絶望の一日でした。そして今、安息日の翌日、週の初めの日が彼らにとって喜びの日、新しい光の日となりました。

ユダヤ教のただ中で、弟子たちはすでに安息日を新しい仕方で守ることを教えられていました。教えられ、示されたとおりの仕方で彼らは安息日を守ることができたはずで、弟子たちが再び集まってきたときにも、彼らは安息日を守っていました。しかしそのまま安息日を守っても、彼らにはそれはしょせん悲しみと絶望の記念の日に留まります。主の死を覚える日になってしまい、死んだ主の教えを思い返す日になってしまいます。

安息日の守り方を含め、主が教え、示してくださった一つ一つのことを大きな喜びの中で心に刻み、日々の生活の中で活かしていくためには、主の復活の日である週の初めの日を祝うことがふさわしい、これが弟子たちの群れが次第にたどり着いた結論でした。イエスの十字架の死の悲しみと絶望を記念するよりも、主の復活を祝う喜びの日を記念することが、「神の子イエス・キリスト」を自分たちのただ中で今も語り、働く方として祝うのにふさわしいと信仰の中で心に刻んだのでした。

復活日、喜びの礼拝へ

やがて復活日のヴィジル（徹夜）の礼拝や、早天礼拝が行われるようになりました。レント（四旬節）にはハレルヤが歌われなくなり、復活日にはそれだけにハレルヤが真の喜びをもって歌われるようになりました。

復活日の礼拝では、年に一度の洗礼式も行われるようになりました。四旬節は洗礼志願者たちの準備の締めくくりの時でした。四旬節の第三、第四、第五の主日には、こうした洗礼志願者の準備の最後の仕上げのように、ヨハネによる福音書から「主とサマリアの女との出会い」（4章）、「主が盲人をいやす」（9章）、「主がラザロを生き返らせる」（11章）が朗読され、説教されました。

洗礼を受けるということはまさしく、これまでの生き方が全く変わること、見えなかった者が見えるようになること、死んだ者が生き返ることと同じ、いやそれ以上の、主ご自身によるいのちの働き、生まれかわりであることが語られ、心に刻印を付けられていきました。

だから復活日、その礼拝の中で洗礼を受けた一人ひとりは生まれかわりのいのちをいただいたのです。主の復活の喜びはまた、主にある自らの生まれかわりの喜びでもありました。主の復活を喜び祝う教会は全員で、洗礼を受けた人々と共に、そのいのちの新しい日をも喜び祝ったのです。

復活の日、教会は主の復活の喜びに加えて、新しく教会に迎える信仰者の生まれかわりを喜びました。喜びの復活日に、喜びをいよいよ加えて、教会はハレルヤを繰り返したことでしょう。そうしながら教会の一人ひとりもまた、自分たちの信仰の原点、自分たちの洗礼による生まれかわりの原点、その深い幸いを心に嚙みしめたのです。

主の復活の喜びに加えられる喜びを私たちも教会の礼拝の中でいつも新しくしたいものです。日曜日、主の日はこのようにいつも主の復活に裏付けられた喜びの日、ハレルヤを歌う日にほかなりません。

（ルーテル学院大学／日本ルーテル神学校名誉教授）

Ⅲ　隣人と生きる

人生

若者が憧れる老人になる
高齢者のミッションとは何か

山本将信（やまもとまさのぶ）

人生の終末を前に

「神は言われる。終わりの時に、わたしの霊をすべての人に注ぐ。すると、あなたたちの息子と娘は預言し、若者は幻を見、老人は夢を見る」（使徒2・17）

ペンテコステに与えられたヨエル書（3・1）の預言です。聖霊は若者には幻を、老人には夢を見させる風、神さまの息です。私は老人になっても、この息のおかげで夢に心躍らせています。

私は七十五歳、つまり後期高齢者を期して牧師を隠退しました。七十六歳になった途端、まるで待ってましたとばかりに訪れたのが、手術治療可能なぎりぎりの進行段階３ａの直腸ガンです。直ちに入院、直腸摘出手術、「おのが日」の短さを実感しました。

齢を重ねて高齢者になるとは「おのが日」の終わりに近づくこと、それは天の国を実感させられることとです。天の国は歴史の終末ですが、同時に、個人的には自分に割り当てられた人生の終末でもあります。そのような末期の目で私が見ている夢は、ルターの言葉とされる「明日、世界が滅ぶとも、今日リンゴの木を植える」ことです。

何を若者に見せるのか

私は週二、三回、スポーツジムに通っていますが、先日、興味深い出来事がありました。トレーニングを終えてサウナ室で汗を流していると、私と同年代の人が入って来られ、問わず語りに会話を交わしました。彼はある町の老人会の責任者だということでした。

彼いわく、「老人会なんて陰気くさい名前がいけない、ワクワク会って名前にしようかと思う」と。そこで、「いやあ、老人会でいいじゃないですか。だってボクたちまぎれもなく老人ですから。ただね、老人が陰気くさいというのがいけない。老人を陰気なイメージから、陽気なイメージにするのが我々の使命じゃないですかね。若者もいずれ老人になるんですよ。我々が『歳はとるもんじゃない』と陰気な老人をやってることは、若者を絶望させるだけですよ。『金はなさそうだけど、自由も時間もいっぱいあって、楽しそうやなあ』って若者をうらやましがらせる老人になりましょうぜ」と答えました。

それを聞いて彼はびっくりして私を見つめ直しました。興味を持ったようです。私が何者かと聞くので「隠退した牧師だ」と告げると、さらに興味津々。老人会に来て、話をしてくれと言うのです。「もちろん喜んで行きますよ」と答えましたが、どうも社交辞令ではなく本気らしい。玄関で待ち構え、住所、氏名を控えて帰って行きました。世の中の人みな、希望のメッセージを待っているのです。

隠退後に本格的に農業ざんまい

二十年前、東京から信州に転任して始めたこと、それは自分の食べるものは自分で作る、つまり野良仕事です。主イエスは神の国をしばしば農事にたとえられました。おそらく主イエス自ら野良仕事をしながら考えられたたとえだったはずで、その農事のたとえを書物の知識にとどめず、実際に私もやってみたいと思ったのです。

米、そば、大豆、玉ねぎ、ジャガイモと手当たり次第、しかも教会内外の仲間を募(つの)って大量に作り、教会バザーなどで売るという農業ざんまい。本業は大丈夫かと友人を心配させたほどです。しかし心配には及びません。夜明けと共に畑に出て、毎日一時間も働けば、驚くほど広い畑を耕作でき、まさしく「朝飯前」です。東京ではサラリーマンが満員電車で通勤している時間帯です。

今、農家は田畑を持てあましているので、いくらでも借りられます。隠退して同じ信州の佐久穂町を終(つい)の棲家(すみか)とすべく移住してまもなく、私が畑を借りたがっていることを伝え聞いた村の重鎮がやって来られ、本気なのかどうか聞きました。そして私の本気度を確かめると、五百坪はあろう広大な畑候補地に案内してくれました。

そこは動物が入れないようにフェンスが張り巡らされていましたが、カヤの群生地になっており、完全な耕作放棄地です。かつては菊栽培をしていた畑だそうですが、後継者がなく、耕作放棄して二十年になるとのこと。その畑を借りることにしました。

そこでまず草刈り機で私の背丈より高いカヤをなぎ倒して焼き払い、友人から小型トラクターを借りてきて、カヤの根退治にとりかかりました。悲鳴を上げて跳びはねるトラクターをなだめながら二度三度畑を走ると、強靭（きょうじん）とはいえしょせんカヤは草です。根が切れて掘り起こされ、耕耘（こううん）できました。畑貸与の仲立ちをしてくれた村の重鎮さんは驚き、感心していました。

農がつなぐ人と人

開墾した翌年の二〇一四年二月に発病、同四月末におなかにストーマという排泄（はいせつ）袋をぶら下げて退院し、五月末に助っ人に来てもらって三十kgの種芋をまき、五百kgの収穫をして路上生活者支援食材に提供できました。助っ人の一人は私を「健（すこ）やかな病人」と、ありがたい評価をしてくれました。

ところが今度は六月に妻が脳出血で倒れ、右半身まひに陥りました。幸い三か月の入院の後、何とか歩行できるまでに回復して退院してくれました。さらに私のほうも今年に入ってストーマを取り外すために再手術して、二月末に退院しました。こんな状況ですが懲りもせず、今年も助っ人を呼んで種芋三十kgをまきました。四か月後には六百kgほどできているはずです。この大量の芋も路上生活者の食材として支援団体に提供します。

食材提供の仲立ちをしている人は、十七年来パートナーを組んできた藤田寛さん（東京・日本堤伝道所会員）です。彼は神奈川から毎週末にやってきて寄付される米など食材を軽トラで集めて回っています。今回、彼が助っ人の呼びかけをフェイスブックでしたところ、二十三人も集まりました。

東京や埼玉など都市住人が半数、地元住人が半数、カトリックなど諸教派のキリスト者が半数、キリスト教と関係ない人が半数という興味深い構成で、年齢構成は私が最高齢者であり、最も若い人は二十歳代と多彩でした。交流会を兼ねた昼食会では参加動機を兼ねた自己紹介をし、お互いに興味津々たるものになりました。

マザー・テレサの修道会「神の愛の宣教者会」の人と一緒に来た若い女性は、東日本大震災にもボランティアで行ったことがあり、山の中の畑で農作業をするのは初めてだと言っていました。また、たまたま参加者の農家に農業研修生として来ていたフィリピン人の青年二人も参加してくれました。彼らはフィリピンで高原野菜を作りたいということで日本に研修に来ていましたが、とても興味深い話でした。

農業を通してさまざまな人とつながることができています。そしてこうして出会った若い人がそれぞれの場でまた違った働きを引き継いでくれることを信じています。

「助けてもらう」ことが高齢者の任務

このように書き連ねると、「何かを成す」ことに価値があるかのように聞こえかねませんが、高齢者の最後の任務は「助けてもらう」という受け身にあると私は考えています。喜ばせる者と喜ばせてもらう者とは、ボルトとナットのようにセットです。人間の絆（きずな）はボルトとナットであって、与える人と受ける人とは、感謝というネジ山がネジ穴に合致していなければなりません。与える人だけで、受ける人なしではむなしい存在になり果てます。

歳をとることは、何かを成し遂げる能力の喪失です。あちこちを病み、体が衰えて今までできていたことができなくなっていき、人への依存度は高まるばかりです。その依存にこそ高齢者に委ねられた任務があります。つまり良き受け手、ナットになることです。できなくなったことは、いさぎよく依存して、「ありがとう」と言って喜ぶ人になる、これが人間としての最後の任務だと私は考えます。

手術後、寝返りさえできず、一口の水さえ自力で飲めず、ナースコールで看護師を呼んで助けてもらいました。ナースコールをベッドから落としてしまうと拾うことさえできないので、一晩中、握りしめていました。そのとき、信仰とは神さまを呼ぶナースコールのようだと心から悟りました。神と人とはボルトとナット、人と人との絆も然り。最後は「ありがとう」と言って喜ぶナットになって終わりたいと切に思うこのごろです。

半世紀近くさかのぼりますが、わが恩師、鈴木正久牧師の臨終に呼ばれ、後任牧師の依頼を受けました。そのとき言われたこと、それは「順序を取り間違えてはならない牧師の大切な業が三つある。第一は教会だけしかできない福音伝道、第二は教会が世の人に呼びかけて行う任務、第三は世の人に呼びかけられて教会も行う社会活動だ」です。

この遺言は受け継ぐべき教会の生命線として、片時も忘れないできました。そしてこれは自ら実践して次世代に語り継ぎたいメッセージです。


（日本基督教団教師。二〇一九年逝去）

介護

変えることができないもの、変えなければならないもの

老いと死を支える知恵と力

川越（かわごえ）　厚（こう）

平静の祈り

神よ　変えることができないものを　受け容れる平静さを
変えるべきものを変える勇気を　そして、その二つを識別する知恵
それらを私たちに与えてください　（ラインホールド・ニーバー　一九三四年）

「平静の祈り（The Serenity Prayer）」として有名なこの祈りは、私たちが老いと死に向き合うとき、大変重要な心構えとヒントを与えてくれます。

一つ目の祈りには、二つの重要な意味が込められています。一つは、人間の力では変えることのできない老いと死が厳然として存在すること。もう一つは、それを私たち人間は「平静な心」で受け容れがたいということです。

次の祈りにも、二つの重要な意味が含まれています。変えることができないものがある一方、変えなければならないものも存在すること。しかしそれを変えるためには、勇気が必要だということです。

三つ目の祈りのポイントは「変えることができないもの」と「変えるべきもの」を見極めるには、知恵が必要だということ。この二つをしっかり区別することは、遭遇している苦難に適切に対処することにつながります。年を取れば当然変えていかなければならないライフスタイルを、私たちは勇気をもって変えているでしょうか。介護の実際を通して考えてみたいと思います。

怖いのは死に逝く過程

これは、五年ほど前の話です。八十歳代半ばの男性が腎臓がんのために、ご自宅で亡くなりました。

彼は幼いとき、あるお寺の住職の養子になったのですが、結婚した相手は信仰あつきクリスチャン。亡くなる数年前カトリックの洗礼を受けました。二人には子どもも身近な親類もいなかったので、困ったときにはいつも、ある親しい教会員の方に相談していました。

彼の病気は、現代医療では救うことのできない末期がん。そのことを彼は十分理解し受け入れていましたが、それまでの生活を変えることには抵抗があったようです。医師の診察は月二回、訪問看護も同様。彼はそれ以上の診療を望みませんでした。私たちがもっと濃厚に関わる、本格的な在宅ホスピスケア（週一回の訪問診察、週三回の訪問看護）をご夫婦が受け入れたのは、亡くなる十日前のことでした。

死後一か月がたった日の午後、彼の妻と友人の教会員の男性が私のところにあいさつに見えました。ヘルパーとしてケアに参加したその友人が、私たち医療スタッフが把握していなかった、彼の最期の様子を語ってくれました、「亡くなる数日前のこと、いよいよ自分でトイレに立てなくなりました。私がトイレ介助をしておむつをはかせていると、彼はボソッと『これか……』とつぶやきました。覚悟していたのだと思います。慌てるそぶりもなかったので、私は『そうかもね』と返事しました」。

自分の死を考える年になると多くの方が、怖いのは死ではなく、死に至る過程、老いそのものであることに気付きます。死を冷静に受け止めたとしても、死までの過程を現実に歩むことになると多くの方が戸惑い、慌てふためきます。

友人の話を聞きながら、この患者さんは死を受け容れ、なおかつ死に至る過程を平静に歩んでいかれたのだと、彼の立派な死にざまに感動しました。

私が携わっている在宅ホスピスケアは、間近に迫った死と向き合わざるをえない患者とその家族をケアする仕事です。確かに重い仕事ですが、ときに思わず微笑んでしまうようなこともあり、それが仕事を続けようという力につながります。この患者さんの妻から聞いた話です。

「前の日から呼びかけても全く答えてくれなくなり、亡くなった当日は朝からずっとベッドから離れないで傍らにいました。いろいろなことを思い出しながら、私は彼の手を握って『生まれ変わったらまた一緒になろうね』と言いました。そして、『今度はもっといい妻になるからね』と約束したのです。すると突然、夫の両目から涙があふれ落ちてきました。私は強く手を握り、声を出して泣きました。ほどなく、彼の息はすーと止まりました」。

実は、冗談を交えて、「生まれ変わったら、また一緒になりますか?」という質問を私は患者さんとその連れ合いによくします、だから、そういう話を聞いても驚きません。しかし「今度はもっといい妻になるからね」という言葉を聞くのは初めてのことで、大変驚きました。彼女は涙を浮かべながら微笑み、思い出を語ってくれました。

生き方を変えるタイミングが重要

正直に申し上げますと、この患者さんはなかなか私たちの在宅ケアを受け入れてくれませんでした。ですから、「口では死ぬことがわかっていると言いながら、実際はわかっていないのではないか」と失礼なことを思ったときもありました。しかし、友人が語ってくれた彼の最期の様子、妻が語ってくれた微笑ましいお別れの場面を思い浮かべながら、私の一方的な見方が誤りであったことに気付きました。

病を抱え、老いた妻と共に歩む日々。その先の死が二人にはわかっていただけに、介護する立場の妻は特に心労が強かったはずです。それでも二人だけのこれまでの生活を続け、それが難しくなってから生活を支えるヘルパーの友人が入り、最後に私たち医療者が支援のために関わりました。老いや死を前にすると、確かに今までの生き方をどこかで変えなければならないのですが、現実には変えるタイミングが重要です。

そして、老いと死を支えるのは医療と介護の力です。大切なのは、家族だけで抱え込まないことです。医療は専門家に委ねるしかありません。介護は家族とヘルパーなどの介護職、ときにボランティアなどを交えた協働作業です。少子高齢化が進む中、大介護時代の到来と言われるゆえんです。

老いと死に向き合うとき、パウロはすばらしい勧めの言葉を私たちにプレゼントしてくれました。「喜ぶ人と共に喜び、泣く人と共に泣きなさい」（ローマ12・15）。現実問題として注意することは、親切心だけでケアに関わると、かえってケアの質が悪くなり、在宅での生活そのものが破綻(はたん)する恐れがあることです。ケアの哲学と実際のやり方をチームでしっかり共有する。これが最重要点です。

変える勇気とはいのちを委ねること

個人的な話で恐縮ですが、二〇一六年三月に、九十一歳の義母を私たち夫婦は在宅で看取りました。地方の小都市から上京し、私たちの家で生活を共にするようになってから二年二か月後のことでした。最期まで老いと死に対して抗(あらが)った義母を看取るにあたり、私の母をやはり自宅で看取った二十数年前の経験が、私たち夫婦に大変役立ちました。

二人とも"Going my way"（わが道を行く）タイプの生き方をしてきた高齢者でしたが、私の母は三代目のクリスチャン（聖公会）。神さまという、いのちを委ねる存在がありました。一方、妻の母はキリスト教信仰を持っていなかったので、具体的にいのちを委ねる対象がありませんでした。

それでも義母が偉大だったのは、最後の最後まで老い
や死と格闘しつつ、苦しみながらもそれまでの生き方を変えていったことです。だんだん動かなくなっていく体と折り合い

をつけていったのです。大変立派な生きざま、死にざまを義母は見せてくれました。しかし、いのちを委ねる対象があればもっと楽だったのではないかな、というのが私の正直な感想です。

人間の力では変えることのできない老いと死を前にして、とまどい苦しむ人間に対し、聖書は多くの慰めの言葉を私たちに用意しています。「死の陰の谷を行くときも　わたしは災いを恐れない。あなたがわたしと共にいてくださる」（詩編23・4）、「自分の命のことで何を食べようか何を飲もうかと、また自分の体のことで……思い悩むな」（マタイ6・25）、「あなたがたのうちだれが、思い悩んだからといって、寿命をわずかでも延ばすことができようか」（同27節）。

これらの言葉によって、いのちの危機に瀕した人たちが、どれほど慰められたことでしょうか。世界を創造した神に、創られた私たちがすべてを委ねることができる。神さまから与えられた、最高の恵みです。その恵みをどのようにこの世で受け止めるかは、ひとりの信仰者の問題であると同時に、教会という共同体に課せられた課題でもあります。

（医療法人社団パリアン理事長、在宅ホスピス医、東京・深川教会員）

社　会

多宗教社会での信仰生活を考える

小林（こばやし）　眞（まこと）

クリスチャンの信仰生活は、教会での礼拝から押し出されてそれぞれの生活の場に遣わされ、一週間の証しの生活を終えて再び教会の礼拝に帰って来るというものです。つまり、教会の中だけで終わるのではなく、教会の外での生活のほうが圧倒的に長いのです。

しかもそうして遣わされた場である家庭、職場、学校のいずれにおいても、クリスチャン人口一パーセント未満の日本においては、迫害などはないものの、信仰に対する無理解と無関心とが一般的です。とりわけ地方教会においては、地域住民との関わり、地域の宗教や伝統との関わりが深く、他宗教とどのように付き合うべきか、絶えず悩まされることになるのです。

事実、牧師は日常的に信徒から、「他の宗教の行事に出席を余儀なくされているが、どうすればよいか」「仏式の葬儀に出席するが、お焼香はどのようにしたらよいか」などという質問を受けます。また、「神社への寄付や境内掃除を頼まれるが、断ると角が立つ。どうしたらよいか」というのもよくある質問です。

こうした、信徒の日常的な悩み、特に諸宗教や地域の宗教施設に関わる悩みに対して、私は次のように答えてきました。

「まず、基本的なことは十戒にあるとおり、聖書の神さまは唯一の神さまで、これ以外に神さまはいません。キリスト教は、たくさんの神々がおられてその中からお一人の神を信じる『拝一神教』ではなく、ただお一人の神さまがおられることを信じる『唯一神教』です。これをまず肝に銘じてください。それが心から理解でき、納得できれば他の宗教への対応も自然と決まってきます」と。

まず、以上の基本をわきまえた上で具体的な指導をします。その場合大切なことは、諸宗教や宗教的な儀礼に対しては敬意を持つということです。そのことが抜けていると排他的な態度となり、結果としてクリスチャンが孤立してしまいます。もちろん、そうかといって無節操な迎合をすると、神さまを悲しませることになります。

例えば、仏式葬儀でお焼香をする場合も、あくまで聖書の神さま以外に神さまはおられないことを確信しつつ、故人への追悼と遺族への慰めという気持ちをはっきりと示すなら、それは許されることではないかと思います。また、お焼香をしつつ、「故人のすべてを、主よ、お受けください」と祈るのもよいでしょう。

神社への寄付も、これは日本の習俗・伝統の一部だと明確に割り切ることができるならば、お付き合いの印として出すこともありうるでしょう。もちろん、本人の信仰によってはっきりと断ることも一つの姿勢です。

重要なことは、これらを画一的に考えるのではなく、今、信徒一人ひとりに与えられている〈信仰の計り〉に従って判断するということです。人の目を気にせずに神さまの前だけで生きうるのか、それともある程度の妥協はやむをえないと思うのか。その姿勢そのものが変化・成長するのであり、またそうでなければならないはずです。

今は神社に寄付しているが、信仰の成長とともに考えを変えて決断し、何年もたって断ることができるようになるかもしれません。私はこの、「考える」ということが大切だと思っています。考えることなく当然のようにお金を出すのではなく、寄付を集めに来た人をちょっと玄関に待たせて、たとえ一分でも「神さま、ごめんなさい。今は断る勇気がありません」と祈って出すのでも、神さまは評価してくださるにちがいないと思うのです。

ただ、以上のような考え方は私の答えであり、このような指導にはいろいろな幅があるということを申し添えておきます。

ところで、なぜ神社は当然のように住民を氏子として寄付を求めてくるのでしょうか。それは次のような歴史によるのです。

江戸時代、幕府は寺請制度を作って仏教を保護していましたが、明治時代になると政府は今度は神社を保護することとし、一八七一（明治四）年に「郷社定則」を定めました。これは神社を格付けするとともに、「住民一千戸で一つの神社を支える」というもので、その住民はすべて氏子と定められたのです。

すなわち、幕府の寺請制度に代わる国の宗教政策としてとられたもので、「郷社定則」そのものはすぐに廃止されましたが、実質は引き継がれて現代に至っているのです。つまり国家神道形成と深い関わりがあったのです。

この多宗教社会日本においてキリスト教信仰を貫き、唯一の神さまへの真実を尽くすことは、さまざまな知恵が必要です。そしてその知恵は一朝一夕に身につくものではありません。時間がかかります。み言葉に聴き続け、学び続けるときに少しずつ整えられていくのです。

（日本基督教団 岩槻教会牧師）

平和

すべての被造物との平和を実現するために

佐藤司郎

八月十五日と三月十一日

八月は私たち日本人にとって特別の月である。今から七十六年前、広島と長崎に原爆が投下され、一九四一年の太平洋戦争開始から数えてもおよそ三百万人の日本人の命を犠牲にして戦争が終わった。アジアでは二千二百万人の人の命が奪われたと言われる。これら一人ひとりにかかわるどれだけ多くの人々の幸福が曲げられ、傷つけられ、失われたことであろうか。以来、戦争をしない、平和に生きようとの決意が、私たち日本人の生き方となった。

三月十一日も、私たちにとって特別の日となった。大地震と大津波で亡くなった、あるいはいまも行方不明の人は二万人近い。耐えがたい苦しみと悲しみがどれほど多くの人をおそったことだろう。

あの日、地の基震(もといふる)うがごとき地震に遭遇した人も、地震と津波を映像で知った人も、私たちがどのようなところで毎日の生活をしているのか、あらためて知らされることになった。

三月十一日はしかし、もう一つのことでも、私たちにとって重い一日となった。原発事故のために多くの人がふるさとを奪われたことだ。今も私たちはその渦中にある。避難を余儀なくされている人も残っている人も、同じく不安な生活を強いられている。

崩壊した原子炉の危険は去っていない。放射能の垂れ流しは続き、汚染は深刻さを増し、収束の見通しさえつかない。にもかかわらず、もう過去のことと言うかのような動きも見え隠れし、福島県の隣、宮城県に住む私たちの意識も低くなっているかもしれない。私のような老年にさしかかっている者にとってはともかく、若い人たち、とくに子どもたち、新たに生まれてくる世代にとって問題はこれからなのだ。

このように、三月十一日は私たちに原発の危険をはっきり警告する日となった。一度事故が起これば、人も動物も生きていくことができない、事故の発生を完全におさえることもできない、それゆえ原発に依存しない――依存してはならない！――社会はどのようなものなのか、どのようにそれをつくっていくかを真剣に考え、実行に移していくための特別な機会となった。

平和に生きる権利の侵害

以前、福島市に住む友人が、『福島は訴える――「くらし」「子育て」「なりわい」を原発に破壊された私たちの願いと闘い』（かもがわ出版）という本を送ってくれたことがある。二〇一一年十一月に出版された本でお読みになった人も多いと思う。編集は「福島県九条の会」である。この本には、年代で言えばいちばん若い中学生から、子育て中の世代、現役を退かれた高齢の世代までの、また職業でいえば教員、自営業、医師、議員、さらに酪農・畜産業、米、野菜、果樹などの農業にたずさわっている人までの約三十人に及ぶ、事故発生からおよそ六か月間の生活をめぐる報告が集められている。

これらの報告が書かれてからすでに十年が経過した。その間、状況は少しでもよくなっているだろうか。相双地区の県立高校ではじまったサテライト方式〔授業継続が困難になった学校が、県内の協力校の校舎を借りて授業を行う方式〕のその後は、どうなっているのだろうか。畜産は？　農業は？　漁業は？　そして除染作業は？　ここに掲載されたかぎりのことでも、状況の好転を願わざるをえない。実際すべての皆さんが、この突然負わされた重い現実に向き合い、これを克服しようとする強い思いをこの本の中で言い表しておられたからである。

九条の会が編集した本書をとおして、私は原発事故が、日本国憲法が保障する平和に生きる権利〔例えば全世界の人が「平和のうちに生存する権利」を持つことを確認する前文、あるいは第二十五条の生存権など〕を根底から侵害した、そして侵害しつつある事故であることをよく理解することができた。

それだけではない。平和に生きることの前提には「自然を汚さないこと」「環境を保全すること」もあるのだということを痛切に知らされた。特に、今回の事故で放置されて死んだ、おそらく何十万という動物・家畜の存在は、人間の責任を問うてやまない。『福島は訴える』でそれらの生き物のことに触れているのは、酪農・畜産をいとなんでいる人だけではない。戦争中「時局捨身動物」とされた上野動物園の象を連想しておられる方もいる。人間は大地を汚し、人間だけでなく動物も生きられなくしてしまったのだ。

聖書が語る「共生」の原点

このようなことを思うにつけ、私は、聖書の天地創造の記事を、動物と人間が共に生きている世界のことを、あらためて思い起こさないわけにはいかなかった。天地創造の物語（創世記1章）を読むと、神がいかに人間の住む地を特別に守っておられるかがわかるとともに、人間がいかに他の被造物と共に生きるべく造られているかがよく理解できる。

創造の第二日の日、大空が造られ、それまですべてを覆っていた水は上と下に分けられた。第三日の日、下の水が「一つ所」（9節）に集められ、乾いた所、すなわち、地が現れた。集められた下の水は海と呼ばれた。それゆえ大空は混沌（こんとん）の水の力が排除されてできたのであり、海は混沌の水の力が限定された姿だと言ってよい。

大空と海は、人間が住むことを許されるようになる地から上方と下方にはるかに遠く離れ、混沌にもっとも近い。しかしそのような領域である空と海にも神は、第五日の日に魚と鳥とを造り、命のすみかとした。そこも命の主である神の支配の下にあるなら、まして地は、混沌の力からどれほど確実に守られていることであろうか。

第五日の日に造られた魚と鳥とは、最初に創造された生き物である。ここではじめて独立して生きる被造物が出現した。そして次の日、すなわち第六日の日に造られた陸上動物と人間は、いわばその仲間として付け加えられたことになろう。

創造の第六日の同じ日に、陸上動物（「家畜、這うもの、地の獣」24節）と人間が造られたことは、やはり意味深い。聖書は、人間を、孤立した存在とは見ていない。むしろ周囲の環境とそれとの交わりの中で本来生活しているものと見ている。

実際人間は、鳥や魚、家畜、地の獣、這うものなどとのさまざまの関わりの中で生きている。しかもそれらが共に神の被造物として生きることができるように守る責任も与えられて。「支配」（26節）という言葉がそれを示す。

聖書が言う「支配」とは、生き物の命をゆえなく奪い、人間のために搾取しつくしていいということを意味しない。たしかに人間は動物から区別される。なぜなら聖書によれば人間だけが「神のかたち」なのだから。人間はその自由と責任において神と交わり、聞き従う。しかし動物はそうではないから、人間が動物を搾取していいということではない。むしろ動物はそれ自身の生存において神に従っているのである。人間はその動物と共に生きることが求められているのである。

いずれにせよ人間は自然の環境の中で多くの生き物と共に生きることを許されることによって、どんなにか豊かに神の恵みにあずかっていることだろう。この自然を汚さず、人間と動物が共に生きる平和の風景を保持しつづけるようつとめること、それが「平和をつくり出す」ために今日私たちに求められているもっとも重要な課題の一つである。

正しい戦争などありえない

はじめに紹介した『福島は訴える』で、一人の医師は、フクシマに生活しつづける決意を表明しつつ、「ノーモアヒロシマ、ノーモアナガサキ、そしてノーモアフクシマ」と記している。戦争が憎むべきものであることはいうまでもない。しかし戦争でなければ、原子力を用いて快適な生活を推進していいということだろうか。今回の原発事故はそれに根本的な疑念を投げかけた。

神学者のカール・バルトは、一九五一年に『創造論』の倫理に関する部分を出版し、そこではまだ「正しい戦争」がありうることを認めていた。しかし五〇年代半ばには、核戦争の危機が現実味を帯びる中で、核兵器・核武装に対して明確に否を語り始めた。後に彼は、ヒロシマから五、六年経過していたにもかかわらず核戦争の本質を熟慮しなかったという反省の上に立って、戦争をその原因や意味という観点からだけでなく、実際の遂行という観点から語っていたら、正しい戦争などありえないと語っていただろうと述べている。

彼にとってそこで問題なのは「生命の危機」であった。おそらくその点でヒロシマとナガサキはフクシマとつながっている。神の被造物の命を危険にさらす原発と人間は共存できない。

平和に生きることを、人と人、民族と民族との間だけでなく、すべての被造物との間で私たちは求めていきたい。それが今日「平和をつくり出す者」たちの歩むべき道である。

（日本基督教団 仙台北三番丁教会牧師、東北学院大学名誉教授）

環　境

「被造物のうめき」に耳を澄ます

預言者の警告に今、耳を傾ける

月本昭男（つきもとあきお）

東日本大震災を経験して

一九九五年、阪神淡路大震災が起こった一か月後に私は被災地を訪れました。建物が壊れ、更地になった場所に木が立っていたのが印象的でした。人が作ったものは倒れたけれども、自然はすごいなと思ったのです。ところが二〇一一年の東日本大震災では津波によって、その木々もなぎ倒されました。あの黒々とした、薄気味悪い生き物のような津波が、すべてをさらっていく様子を、テレビ画面で何度も見ました。決して忘れられません。

それに加えて起こった原発事故。実は私はそれまで、温暖化防止のためには原発も役立つのではと思わされていました。また、原発は空気を汚さないと説得されてもいました。事故が起こってからでさえも、東電や政府の役人、専門家が、「これはチェルノブイリのような事故ではありません」と語る言葉を信じていたのです。

アメリカ、イスラエル、ドイツの友人から、「早く逃げて来い」とのメールが次々と届いても、「海外では事柄が誇張されて報道されている」と返信していました。しかしその後徐々にわかったことは、放射能汚染は当初報道されていた以上に深刻だったということです。私は原発の危険性を洞察できていなかった。今まで学んできたことが根底から崩される思いがしました。

地の嘆き

旧約聖書を勉強してきた者として、この震災の後、あらためて思い起こした聖句はいくつかありますが、その一つはイザヤ書24章4―5節です。

「地は乾き、衰え　世界は枯れ、衰える。地上の最も高貴な民も弱り果てる。地はそこに住む者のゆえに汚された。彼らが律法を犯し、掟を破り　永遠の契約を棄てたからだ」

新共同訳聖書はこのように訳していますが、冒頭の「地は乾き」は原語どおりに訳せば「地は嘆き悲しみ」となります。ここで用いられている「アーバル」というヘブライ語動詞は、例えば、ヤコブがヨセフのために嘆き悲しむ（創世記37・34）ことを記す際などに使われています。

「地はそこに住む者のゆえに汚された。それゆえに、地は嘆き悲しんでいる」。この預言者の厳しい認識が、震災を経て、特に原発事故を経て私にあらたに迫ってきています。

あるいはエレミヤ書にもこんな言葉があります（12・4）。

「いつまで、この地は嘆き悲しみ（新共同訳では「乾き」）野の青草もすべて枯れたままなのか。そこに住む者らの悪が　鳥や獣を絶やしてしまった」

ここにも先のイザヤと同じ認識があります。

預言としての「洪水物語」

そしてこれらの預言者の言葉と響き合っているように思えるのは、創世記の6章から9章までに記された洪水物語です。

なぜ神は洪水を起こされるのか。それが書かれているのが、6章12―13節です。まず12節を見てみましょう。

「神は地を御覧になった。見よ、それは堕落し、すべて肉なる者はこの地で堕落の道を歩んでいた」

ここで「堕落し」と訳されている「シャーハト」というヘブライ語動詞は、基本的には「壊れる」という意味です。この意味を尊重して私はこの箇所を次のように訳しました。

「神が地を見ると、はたして、それは破滅していた。すべて肉なるものが地上でその道を破滅させたからである」（岩波書店版『創世記』）

ここで言う「すべて肉なるもの」とは何でしょうか。ヒントになるのは、11節に「地は……不法に満ちていた」とあることです。この「不法」は基本的に「人間による社会的不法行為」を表現する言葉です。したがって、12節の「すべて肉なるもの」も第一義的に

「人間」を意味していると考えてよいと思います。

つまり12節は、人間の悪によって地が「破壊されていた」と述べていることになります。これは、前述した預言者の認識と共通すると言えましょう。

続いて13節を見てみましょう。

「神はノアに言われた。『すべて肉なるものを終わらせる時がわたしの前に来ている。彼らのゆえに不法が地に満ちている。見よ、わたしは地もろとも彼らを滅ぼす』」

「すべて肉なるものを終わらせる時がわたしの前に来ている」。興味深いのは、この言葉が、エゼキエル書（7・2、6、13）やアモス書（8・2）にある、審判預言と呼応していることです。言うまでもなくエゼキエル書とアモス書においては、同胞に対する警告として語られている言葉です。

ここから次のように言えるのではないでしょうか。創世記の洪水物語を、私たちは従来太古の出来事の報告として読んできたわけですが、むしろ、警告の物語として読むべきなのではないか、と。「人間の悪は、神が『すべて肉なるものを終わらせる』との決断をせざるをえないほどに深い」という認識を、洪水物語は私たちに迫っているのです。現代に生きる者が未来への警告として読むべき物語だと、私は思います。

ホセア書に見る人間の悪

このように預言者たちも、旧約の洪水物語を伝えた共同体も、ともに人間の悪を鋭く見すえています。この悪の内容を具体的に表しているのが、次にみる預言者ホセアの言葉です（ホセア書４・１―３）。

「主の言葉を聞け、イスラエルの人々よ。主はこの国の住民を告発される。この国には、誠実さも慈しみも　神を知ることもないからだ。呪（のろ）い、欺（あざむ）き、人殺し、盗み、姦淫（かんいん）がはびこり　流血に流血が続いている。それゆえ、この地は渇き　そこに住む者は皆、衰え果て野の獣も空の鳥も海の魚までも一掃される」

ここでホセアは、人間を人間たらしめるもっとも大切なものとして「誠実さ」「慈しみ」「神を知ること」をあげています。ところがこの国の住民にはそれが欠如している、それゆえ地は「渇いて（嘆き悲しんで）」いるのです。ここに使われる動詞も、前出のアーバルです。そしてその結果、「そこに住む者は皆」、人間ばかりでなく野の獣、空の鳥、魚までもが絶滅の危機に瀕（ひん）している、と告げるのです。

「誠実さ」「慈しみ」「神を知ること」を欠如させた人間の行いは、社会を乱すだけでなく、自然をも動物をも破滅させずにはおかない。この言葉は今日、福島の大地と動植物を思う時、真実なものとして聞こえてきます。

回復の始まり

このように見てきますと、もはやどこにも希望を見出せないような思いにとらわれるかもしれませんが、実はそうではありません。興味深いのは、この人間の悪を告発し、それゆえ、自然が破滅する、と預言するホセア書4章1―3節に先立って、同じホセア書に、破滅した世界の回復を説く2章20―22節が置かれていることです。

まず20節を見てみます。

「その日には、わたしは彼らのために　野の獣、空の鳥、土を這（は）うものと契約を結ぶ。

弓も剣も戦いもこの地から絶ち　彼らを安らかに憩わせる」

伝統的な解釈はここに出てくる「彼ら」を「人間」と解釈してきました。そしてこの箇所を、野生動物が人間に危害を加えないように、神が野生動物と契約を結ぶ、という意味に理解してきました。しかし私は、この解釈を疑問に思うのです。というのは、「ために」と訳されているヘブライ語は、この箇所においては、「ために」ではなく、契約の「相手」を指す、と理解されるからです。

二つを見比べると明らかなのですが、2章20―22節は、いわば4章1―3節で破滅したものが、逆の順番で回復するという記述になっています。このことに注目すると、4章3節で人間の悪のために巻き添えとなって滅ぼされた動物たちが2章20節で最初に回復されることに気づかされます。

つまり、20節の契約は、人間のための契約ではなくて、まず動物たちが回復されるための契約でなければなりません。そこで私は、「彼ら」とは「野の獣、空の鳥、土を這うもの」であると理解します。したがってこの箇所は、「その日には、わたしは彼らと、すなわち野の獣、空の鳥、土を這うものと契約を結ぶ」と訳すべきであろうと思います。

まず神は、動物たちと契約を結び、この地から争いを絶やして、彼らを安らかに憩わせます（同20節）。そして神から慈しみと憐（あわ）れみとまこと（＝誠実）を示されるこの民が、ふたたび「主を知るようになる」と言われるのです（同21―22節）。

大地との契約

この人間の回復と大地の回復を統合的にとらえる視点は、洪水物語とも深く関係しています。洪水後の創世記9章9―10節に次のようにあります。

「わたしは、あなたたちと、そして後に続く子孫と、契約を立てる。あなたたちと共にいるすべての生き物、またあなたたちと共にいる鳥や家畜や地のすべての獣など、箱舟から出たすべてのもののみならず、地のすべての獣と契約を立てる」

主の契約は人間ばかりでなく、すべての生き物、それも箱舟から出た生き物ばかりでなく、それ以後の生き物すべてとも結ばれているのです。

続く12―13節はこう書かれています。

「あなたたちならびにあなたたちと共にいるすべての生き物と、代々とこしえにわたしが立てる契約のしるしはこれである。すなわち、わたしは雲の中にわたしの虹を置く。これはわたしと大地の間に立てた契約のしるしとなる」

13節でも「これはわたしと大地の間に立てた契約」と言われます。人間とだけではないのです。神と地上のすべての生き物との間の永遠の契約です。地上のすべてを滅ぼす主は、また地上のすべてを回復し永遠の契約を結んでくださる主でもあるのです。

創造信仰ゆえの視点

では、預言者たちは、そして旧約の洪水物語を編集した信仰者たちは、なぜあの時代にこういうことを語り得たのでしょうか。

メソポタミアやエジプトには、イスラエルよりもはるかに昔からすばらしい文学作品がありました。しかし「人間の悪ゆえに自然が滅ぶ」ということを語った文書は、イスラエルの預言者以外に知りません。あれだけ深い哲学・思想を築いたギリシャにもないと思います。イスラエルの預言者たちだけがこのようなことを語っています。

なぜそれができたのでしょうか。それは聖書の創造信仰による、と私は思います。「神が自然を創造された」。預言者たちは自然をそのようにとらえました。ですから、神の被造物である動植物にも目が向くのです。しかもその自然から動物たちが消えていく、森がなくなっていくことを目にしたわけです。自然が悲嘆の声をあげている、その悲嘆の声を耳にしたわけです。当時の世界でもあらゆる所で自然の破壊がありました。しかしそれを自然の嘆きとして耳を傾け、警鐘を鳴らしたのは、創造信仰に生きたからでした。

古代にもあった環境危機

現在、さまざまな証拠によって、古代パレスチナにも環境破壊、自然破壊があったことがわかってきています。

私は長くパレスチナの発掘調査に関わってきましたが、以前、現地での発掘調査で動物の骨がたくさん出てきました。獣骨の専門家に見てもらったところ、その中になんと熊の骨があったのです。旧約聖書には確かに、熊（ヘブライ語／アラム語で「ドーブ」）が十三回ほど言及されます。熊がいたということは森があったということです。しかしその森は、都市文明の発展に伴い、乱伐されて消滅しました（例えば、イザヤ書33・9）。

シリアには象もいました。しかし、象牙細工のために乱獲され、前九世紀ごろに滅びました。メソポタミアの王たちは、王の権力を誇示するためにライオン狩りを行っていました。ペルシャ時代にダニエルがライオンの穴に入れられます。あれはライオンが少なくなったので、王の権力を見せつけるために飼っていたことを物語っています。

このように森林破壊や動物絶滅という危機を前に、預言者たちは「地は嘆き悲しんでいる」と告げ、「そこに住む者らの悪が、鳥や獣を絶やしてしまった」とその罪を告発したのです。

自然に対するこうした思想は旧約聖書だけにみられるのではありません。新約聖書、ローマの信徒への手紙8章19—22節のあの有名な御言葉を思い出すことができます。

「被造物は、神の子たちの現れるのを切に待ち望んでいます。被造物は虚無に服していますが、それは、自分の意志によるものではなく、服従させた方の意志によるものであり、同時に希望も持っています。つまり、被造物も、いつか滅びへの隷属から解放されて、神の子供たちの栄光に輝く自由にあずかれるからです。被造物がすべて今日まで、共にうめき、共に産みの苦しみを味わっていることを、わたしたちは知っています」

東日本大震災後の今こそ私たちは、この「被造物のうめき」に耳を傾けなければならないのではないでしょうか。

（上智大学神学部神学科特任教授）

初出一覧

はじめに……書き下ろし

魂を生かす呼吸──礼拝の喜び……『信徒の友』2011年5月号

もう、自分一人で背負わなくてもいい……2006年1月号

毎日の楽しい聖書──いつでも・どこでも・だれとでも……書き下ろし

慰めの調べを刻む一週間の歩み……2014年1月号

悲しみに言葉を、痛みに名を……2006年1月号

「わからない」から始まる新しい物語……2014年3月

亡き娘が出会わせてくれた隣人……2015年3月号

ナウエンとの対話──惨めさと恵みの出会うところ……2006年3月号

主の復活！　衝撃にまさる喜びがもたらした礼拝日の変更……2011年4月号

若者が憧れる老人になる……2015年7月号

変えることができないもの、変えなければならないもの……2016年6月号

多宗教社会での信仰生活を考える ……2013年2月号

すべての被造物との平和を実現するために ……2012年8月号

「被造物のうめき」に耳を澄ます ……2013年7月号

信仰生活ガイド

信じる生き方

2021年2月15日　初版発行

© 増田　琴　2021

編　者　増　田　琴

発　行　日本キリスト教団出版局

169-0051　東京都新宿区西早稲田2丁目3の18

電話・営業03（3204）0422、編集03（3204）0424

https://bp-uccj.jp

印刷・製本　三松堂

ISBN 978-4-8184-1063-3　C0016　日キ販

Printed in Japan

日本キリスト教団出版局の本

信仰生活ガイド　全5巻

わたしのこれらの言葉を聞いて行う者は皆、岩の上に自分の家を建てた賢い人に似ている。

（マタイによる福音書7章24節）

聖書は、今こそ、信仰という揺るがぬ「岩」に「自分の家」を建てなさい、とすすめます。本シリーズによって、神さまを信じる喜びと心強さを再確認し、共に新しく歩み出しましょう。

―― * ――

主の祈り　林　牧人　編　（128頁、本体1300円）

十戒　吉岡光人　編　（128頁、本体1300円）

使徒信条　古賀　博　編　（128頁、本体1300円）

教会をつくる　古屋治雄　編　（128頁、本体1300円）

信じる生き方　増田　琴　編　（128頁、本体1300円）